welterbe bergpark wilhelmshöhe

der herkules

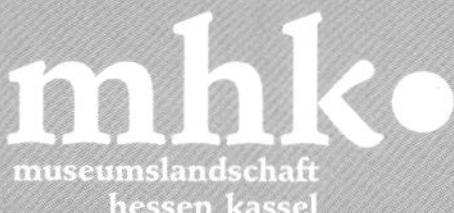

museumslandschaft
hessen kassel

Parkbroschüren MHK, Bd. 4

Herausgeber **Museumslandschaft Hessen Kassel, Bernd Küster**

Projektsteuerung **Gisela Bungarten**

Projektbetreuung **Rüdiger Splitter**

Autoren **Franziska Franke** (FF), **Astrid Schlegel** (AS)

Lektorat **Gisela Bungarten, Sabina Köhler, Micha Röhring, Rüdiger Splitter, Gesa Wieczorek**

Bildredaktion **Franziska Franke, Astrid Schlegel, Gesa Wieczorek**

Grafische Gestaltung **augenstern, Büro für Gestaltung**

Verlag **Schnell & Steiner GmbH, Leibnizstraße 13, 93055 Regensburg**

Druck **Werbedruck GmbH Horst Schreckhase, Spangenberg, www.schreckhase.de**

1. Auflage 2017

ISBN 978-3-7954-3245-4

Bibliographische Information der Deutschen Nationalbibliothek

Die Deutsche Nationalbibliothek verzeichnet diese Publikation in der Deutschen Nationalbibliographie; detaillierte bibliographische Daten sind im Internet über http://dnb.ddb.de abrufbar.

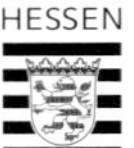

Die **Museumslandschaft Hessen Kassel** ist eine Einrichtung des Landes Hessen.

Welterbe Bergpark Wilhelmshöhe – der Herkules
Parkbroschüren MHK, Bd. 4

Franziska Franke und Astrid Schlegel

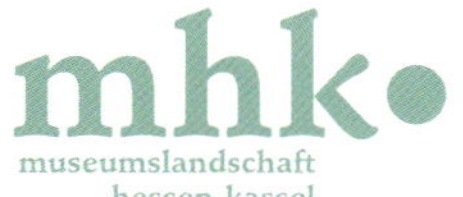

Inhaltsverzeichnis

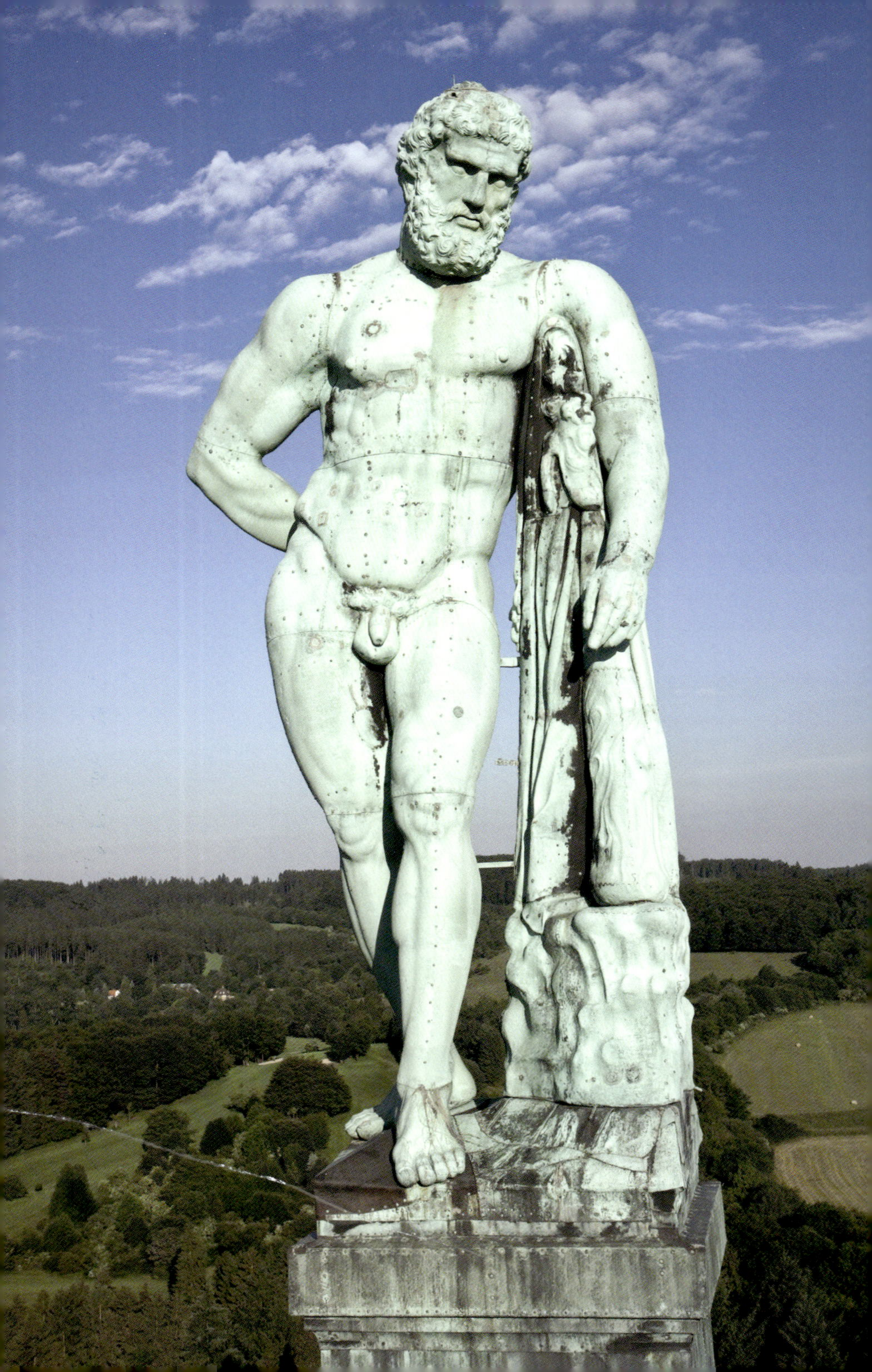

300 Jahre Herkules

2017 ist das Jahr des Herkules: Die Museumslandschaft Hessen Kassel feiert seinen 300. Geburtstag, denn der Held überblickt bereits seit 1717 den Bergpark Wilhelmshöhe und die Stadt Kassel, zu deren Wahrzeichen er geworden ist. Landgraf Carl von Hessen-Kassel und seiner Vorliebe für die Antike ist es zu verdanken, dass die imposante Nachbildung des römischen Herkules Farnese majestätisch als Landmarke weithin sichtbar über der nordhessischen Landschaft thront.

Anlässlich dieses Ereignisses wird im Schloss Wilhelmshöhe die Ausstellung »Herkules 300 – Wiedergeburt eines Helden« gezeigt, und die Museumslandschaft Hessen Kassel veröffentlicht eine weitere Publikation in der Reihe der Parkbroschüren. Diese ist allein dem Kasseler Helden gewidmet und beinhaltet geschichtliche Informationen, Beschreibungen sowie Weiterführendes rund um die kolossale Kupferstatue. Als Teil des UNESCO-Welterbes markiert der Herkules gleichzeitig den topografischen Höhepunkt des Bergparks Wilhelmshöhe und den Beginn der barocken Wasserspiele.

Informationen und Beschreibungen rund um den Bergpark und die Wasserkünste sind den ersten beiden Bänden der Parkbroschüren zu entnehmen:
»Park Wilhelmshöhe. Größter Bergpark Europas«
»Welterbe Bergpark Wilhelmshöhe. Die Wasserkünste«

Der antike Herkules

Der Kasseler Herkules ist ein Abbild des berühmtesten Helden der Antike. Dieser Heros wurde im Römischen Hercules, im Griechischen Herakles genannt. Seine Berühmtheit erlangte er vor allem durch die kanonischen zwölf Arbeiten für König Eurystheus, in dessen Knechtschaft er unlösbar erscheinende Aufgaben bewältigen musste und tödlichen Gefahren ausgesetzt war.

Schreibweisen

Je nach Kontext und Kulturraum wird der Held unterschiedlich bezeichnet. Da der Mythos des Heros auf die griechische Kultur zurückgeht, wird in deren Beschreibung der griechische Name »Herakles« beibehalten. Befinden wir uns im römischen Kontext, so ist meist von »Hercules« mit »C« die Rede. Der eingedeutschte Name »Herkules« ist nicht nur für das Kasseler Monument gebräuchlich, sondern auch für den berühmten Statuentypus Herkules Farnese.

Die Geburt des Herakles

Wie kam es dazu, dass ein Sohn des Göttervaters Zeus höchstpersönlich im Dienst des mykenischen Königs Eurystheus stand? Darüber gibt der Geburtsmythos des Herakles Aufschluss, denn er war nicht Sohn des Zeus und dessen Gattin Hera, sondern der schönen Königstochter Alkmene. Wie bei vielen seiner Liebesabenteuer wechselte Zeus seine Gestalt, diesmal um die Auserwählte selbst zu täuschen: Er tauchte als ihr Gatte Amphitryon, König von Theben, auf, um sich der tugendhaften Alkmene zu nähern. Die Liebesnacht verlängerte der Göttervater um das Dreifache, da er einen großen und kampfeslustigen Halbgott hervorbringen wollte. Noch während der Schwangerschaft flog der Seitensprung auf, denn Zeus konnte seinen Vaterstolz nicht für sich behalten und versprach dem nächstgeborenen Sohn seines Stammes die Herrschaft über Mykene. Dies führte dazu, dass der Hass der betrogenen

Bedeutung des Namens Herakles – griechisch: Ἡρακλῆς – »der sich an Hera Ruhm erwarb«

Hera geschürt wurde und sie zu einer List bewog: Sie verzögerte die Geburt des Herakles und ließ die Königin von Argos einen Jungen zur Welt bringen, nämlich Eurystheus, ebenfalls ein Nachfahre des Zeus. Somit wurde dieser zum König von Mykene, dem der später geborene Herakles folglich untertan war.

Die zwölf Taten des Herakles

Nachdem Herakles, vom Wahnsinn befallen, seine eigenen Kinder und seine Frau Megara erschlagen hatte, ging der Halbgott nach Delphi, um das Orakel um Rat zu fragen. Die Pythia wies ihn an, sich zwölf Jahre in den Dienst des mykenischen Königs Eurystheus zu stellen und zehn Arbeiten für ihn zu verrichten.

Da dieser ihm zwei Taten nicht anerkannte, musste Herakles insgesamt zwölf Aufgaben bewältigen. Die erste und letzte Arbeit werden nun beispielhaft vorgestellt, da sie zur Bedeutung der Kasseler Herkulesfigur beitragen.

Die erste Tat: Der Kampf
mit dem nemeischen Löwen

Diese ist wohl die beliebteste Sagendarstellung in der Antike. Auch zwei Vasenbilder im Museum Schloss Wilhelmshöhe zeigen Herakles im Kampf mit dem nemeischen Löwen. Hierbei handelte es sich aber um kein gewöhnliches Tier, sondern um eine Bestie, die von Hera selbst aufgezogen wurde und die Gegend um die Stadt Nemea unsicher machte. Ihr Fell war unverwundbar, weshalb Waffen den Löwen nicht töten konnten. Daher erwog Herakles, das Ungeheuer mit

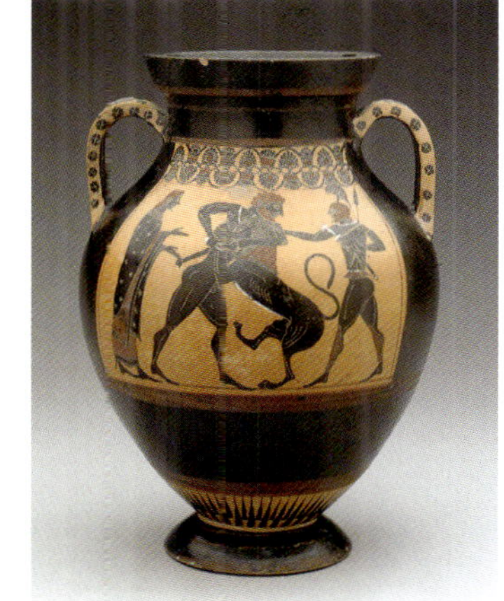

Das Bild auf der Vase zeigt Herakles im Kampf mit dem Löwen von Nemea. Er fasst dem Tier ins Maul und versucht, es mit seinem Schwert zu erstechen.

Wie Herakles zu seiner Keule kam

Sie ist ein prägnantes Attribut, anhand dessen der Held schnell identifiziert werden kann. Doch wie kam Herakles zu seiner Keule? Genau genommen hatte er zwei Exemplare: Von seiner ersten ist nicht überliefert, wie er in ihren Besitz kam; von der zweiten hingegen berichtet der antike Schriftsteller Apollodor. Nachdem Herakles versucht hatte, den nemeischen Löwen mit seiner (ersten) Keule zu erschlagen, zerbrach diese, und er war gezwungen, das Tier mit seinen bloßen Händen zu töten. Dass selbst eine Keule den Löwen nicht erschlagen konnte, verdeutlicht dessen Stärke – ebenso aber auch die Kraft des überlegenen Helden, der die Bestie dennoch erlegen konnte. Nach der erfolgreichen Tat schnitzte Herakles sich aus einem jahrhundertealten Olivenbaum eine neue Keule, die ihm für seine weiteren Aufgaben von Nutzen war.

seinen bloßen Händen zu erwürgen. Jeder normale Sterbliche wäre in diesem Kampf zu Tode gekommen, doch der Held ringt und kämpft mit seiner immensen Stärke gegen das Tier – bis zu dessen Erliegen. Das undurchdringliche Löwenfell diente Herakles seitdem als schützender Umhang und zeugt von seinem Triumph in der ersten von Eurystheus auferlegten Prüfung. Neben der Keule zählt das Fell zu Herakles' typischen Attributen.

Die zwölfte Tat: Die Äpfel der Hesperiden

Die letzte für den mykenischen König ausgeführte Heldentat ist das Hesperidenabenteuer, das zum Verständnis des Kasseler Kolosses und der Bedeutung seines Vorbilds erheblich beiträgt. Herakles musste den Garten der Hesperiden finden und die Äpfel dem Eurystheus bringen. Keine leichte Aufgabe, denn zum einen war ihm der Ort der Gärten unbekannt, zum anderen bewachte der hundertköpfige Schlangendrache Ladon, der seine Augen nie schloss, die Früchte. Ohne zu wissen, wohin ihn sein Weg führte, machte sich Herakles auf seine Reise, um den Garten der Hesperiden zu finden. Währenddessen bestand der Held weitere Abenteuer, die ihn zunächst zum Meerwesen Nereus führten, das den Weg zum Ziel kannte. Doch ganz

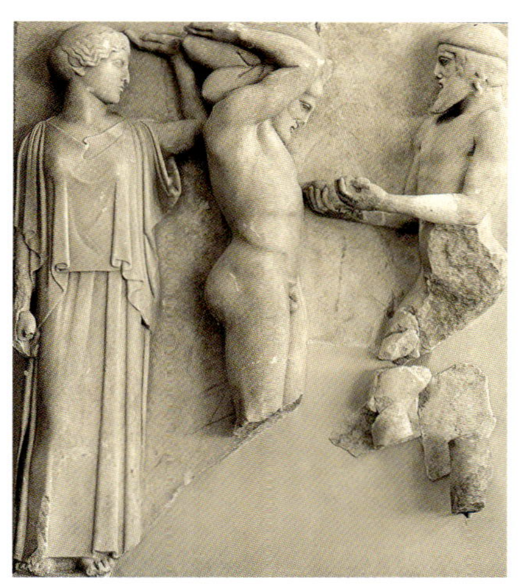

Die Göttin Athena unterstützt ihren Schützling Herakles, der gerade noch das Himmelszelt trägt. Er wird es bald dem herannahenden Atlas überlassen, nachdem dieser ihm die Hesperidenäpfel überbracht hat.

widerstandslos gab das Seeungeheuer sein Geheimnis nicht preis, wodurch es zum Kampf kam, den der Göttersohn gewann, und er so die Beschreibung des weiteren Weges erhielt. Auf seiner Weiterreise begegnete Herakles auch Prometheus, der ihm riet, nicht selbst die Früchte aus dem Hesperidengarten zu holen, sondern seinem Bruder Atlas, dem Himmelsträger, diese Aufgabe zu übertragen. Bei Atlas eingetroffen bat Herakles diesen um Hilfe – wie es ihm Prometheus empfohlen hatte. Im Gegenzug würde er für die Dauer des Raubes den Himmel auf seinen Schultern tragen. Atlas akzeptierte den Vorschlag und kehrte mit drei Äpfeln zurück. Von seiner neuen Leichtigkeit beflügelt, wollte er weiterhin ohne die Last des Himmelszelts leben und überließ diese dem Herakles. Der jedoch bat Atlas, ihm noch ein letztes Mal für kurze Zeit das Himmelsgewölbe abzunehmen, um sich ein Stirnband anzulegen, das ihm den Ballast erträglicher mache. Atlas ging bedenkenlos auf diese Bitte ein und bemerkte erst dann die List, als Herakles die Äpfel der Hesperiden nahm und ihn nicht noch einmal von seiner Mühe erlöste.

Nachdem der Held die goldene Beute seinem Auftraggeber Eurystheus überbracht hatte, schenkte er sie Herakles zurück. Dieser weihte sie Athena, die sie wiederum in den Hesperidengarten zurückbrachte.

Gigantomachie – Der Kampf gegen die Riesen

Neben den kanonischen zwölf Aufgaben des Herakles spielten weitere Taten im Leben des Helden eine wichtige Rolle, so auch die sog. Gigan-

Wer waren die Hesperiden und wo liegen ihre Gärten?

Die Hesperiden waren die Töchter der Nacht, die Abendlichen (griechisch »hespera« = der Abend). Sie bewachten den Garten der Götter, in dem ein Baum stand, dessen Früchte den Göttern ewige Jugend schenkten. Wie schon der Mythos beschreibt, waren nicht viele Menschen in Kenntnis über die exakte Lage des Hesperidengartens, und so verwundert es nicht, dass aus der antiken Literatur verschiedene Gegenden als Ort genannt werden: Nordafrika, Libyen oder auch solch mythische Länder wie das im Norden gelegene Land der Hyperboräer. Als wohl wahrscheinlichster Ort wurde die Gegend nahe den westlichen Ausläufern des Atlasgebirges angesehen, also der westliche Teil des heutigen Marokko.

Zur Bedeutung der Hesperidenäpfel

Der Baum mit den goldenen Äpfeln war das Hochzeitsgeschenk der Erdgöttin Gaia für Hera. Seine Früchte versprachen den Göttern ewige Jugend, wohingegen der Besitz durch Sterbliche mit der Erlangung eines ewigen Lebens verbunden wurde. Das führt dazu, dass sie oft als Anlass für Herakles' Aufnahme in den Olymp und seine Apotheose angesehen werden.

tomachie, die einen Widerhall in Landgraf Carls Bauprojekt erfuhr (vgl. Kap. »Der Kasseler Herkules im Kontext des Bildprogramms«).

Durch ihre Mutter, die verärgerte Erdgöttin Gaia, angestachelt, griffen die Giganten den Olymp an. Zeus war zum Handeln aufgefordert, doch ihm wurde geweissagt, dass die Olympischen Götter nur mit Hilfe eines Sterblichen den Kampf gegen die Giganten gewinnen konnten. Daher bat Athena Herakles, mit in den Krieg zu ziehen. Der Held stellte an der Seite der Götter seine Tugendhaftigkeit und Stärke unter Beweis, indem er einen Kampf mit dem stärksten Giganten Alkyoneus begann und schließlich gewann. Weitere Giganten wurden mit seiner Hilfe getötet, sodass ein Sieg der Götter über die Riesen errungen werden konnte.

Der Tod des Herakles

Unser Held starb nicht im Kampf, vielmehr blieb er bis zu seinem Lebensende unbesiegbar. Doch wie kam es schließlich zum Ende dieses Heros? Dazu eine kurze Vorgeschichte: Als Herakles mit seiner Frau Deianeira auf dem Weg zu dem Freund Keyx nach Trachis war, gelangten sie an den reißenden Fluss Euenos. Der Fährmann Nessos, ein Kentaur, half den beiden Reisenden, den Fluss zu überqueren, in dem er Deianeira hinübertrug. Von seiner wilden Natur getrieben, wollte sich das Mischwesen aus Mensch und Pferd an ihr vergehen, doch Herakles erschoss ihn mit Pfeilen, die mit dem Blut der lernäischen Hydra bestrichen waren. Der sterbende Nessos riet Deianeira, sein von Liebe erfülltes Blut zu sammeln, das ihr als Zaubermittel dienen könne, die Liebe zwischen ihr und Herakles zu bewahren.

Erst Jahre später, als Herakles die Königstochter Iole als Teil seiner Beute aus dem Rachefeldzug gegen Oichalia zu seiner Gattin nach Hause schickte, erinnerte sich Deianeira an das Nessosblut. Ihre Eifersucht bewog sie dazu, ein frisches Gewand für Herakles mit dem vermeintlichen Liebeszauber zu tränken und es ihrem Gatten durch einen Boten zu übermitteln. Zu spät erkannte sie die tödliche Wirkung des Liebeszaubers, und so zog Herakles das Gewand an, das sich in seine Haut brannte und seinen Körper zersetzte. Unter quälenden Schmerzen wurde er nach Hause gebracht. Dort erfuhr er vom Tod seiner Frau, die sich – in der Annahme, zur Mörderin geworden zu sein – selbst das Leben genommen hatte. Da er die höllischen Qualen nicht mehr ertragen konnte, ließ sich Herakles auf einem Scheiterhaufen verbrennen. Doch nur sein menschlicher Teil starb, der göttliche hingegen stieg zu seinem Vater Zeus und den anderen Olympiern auf. Dass er all seine Taten bestanden, seine Gegner und ebenso das Feuer besiegt hatte, war Anlass für Zeus und die anderen Götter, Herakles in den Olymp aufzunehmen. Diese Gottwerdung nennt sich auch Apotheose – ein Begriff, der aus dem Griechischen stammt.

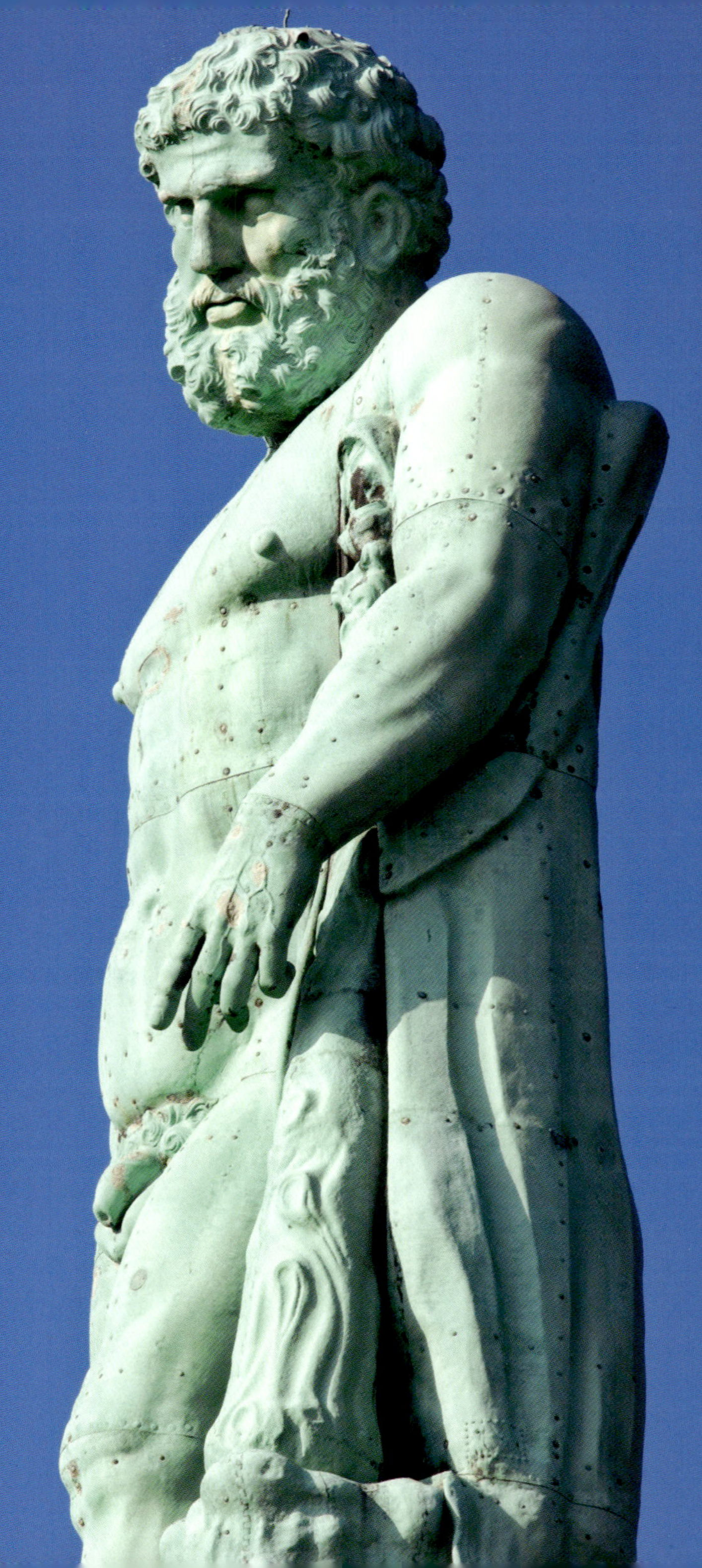

Die Geschichte eines Meisterwerks: Der Herkules Farnese

Das Jahr 1546 ist der Ausgangspunkt der folgenden Geschichte, denn in diesem Jahr wurde eine überlebensgroße Statue des Herkules in Rom wiederentdeckt. Daran schließt sich eine weitreichende neuzeitliche Wirkungsgeschichte an, aber auch die Entstehung des antiken Meisterwerks kann zurückverfolgt werden.

Der Fund in den Caracalla-Thermen

Im Zuge der Beschaffungsmaßnahmen für Baumaterial für Neu St. Peter kamen marmorne Bildwerke in den Ruinen der antiken Caracalla-Thermen in Rom ans Tageslicht, weshalb sich Alessandro Farnese – Papst Paul III. – für eine dortige Ausgrabung entschied.

Neben mehreren Kolossalstatuen, wie der Achilles-Gruppe und dem sog. Farnesischen Stier, bezeugen die 110 vorhandenen Nischen, wie reich die Skulpturenausstattung dieser Thermen Roms gewesen sein muss. Zu dem sensationellen Fund gehörten auch zwei überlebens-

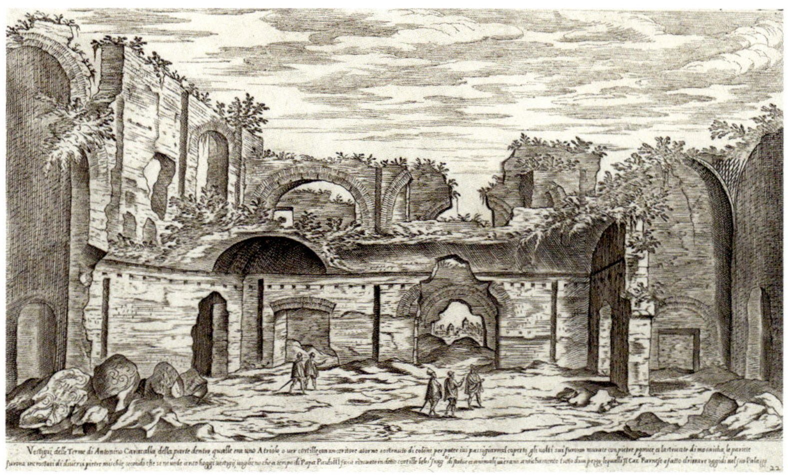

Glücklicherweise wurden die Caracalla-Thermen im Mittelalter nicht überbaut, sodass viele römische Skulpturen – in Einzelteile zerbrochen – erhalten blieben.

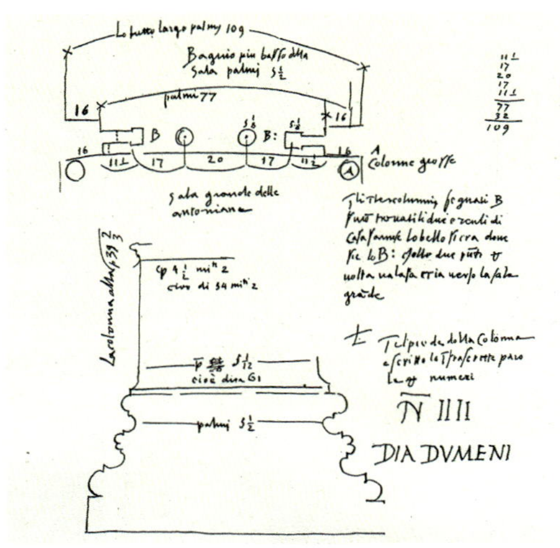

Antonio da Sangallo zeichnete die genauen Fundstellen der beiden Herkulesfiguren in seinen Plan ein: „B" und „B:".

große Figuren des Helden Herkules: Der sog. Herkules Caserta und der Herkules Farnese, die ihre archäologischen Bezeichnungen nach ihren späteren Aufstellungsorten erhielten. Eine Fundskizze des damaligen leitenden Architekten von St. Peter, Antonio da Sangallo, überliefert den ursprünglichen prominenten Aufstellungsort in den Thermen recht genau: Sie standen jeweils zwischen zwei hohen Säulen an einer der beiden Seiten des Frigidariums, des zentralen Baderaums.

Der Thermenbesucher nahm die Statuen, beide in ähnlichem Haltungsmotiv, zunächst nur von hinten wahr, da er in den Kaltbaderaum von den Seitenflügeln her eintrat. Erst durch das Betreten des zen-

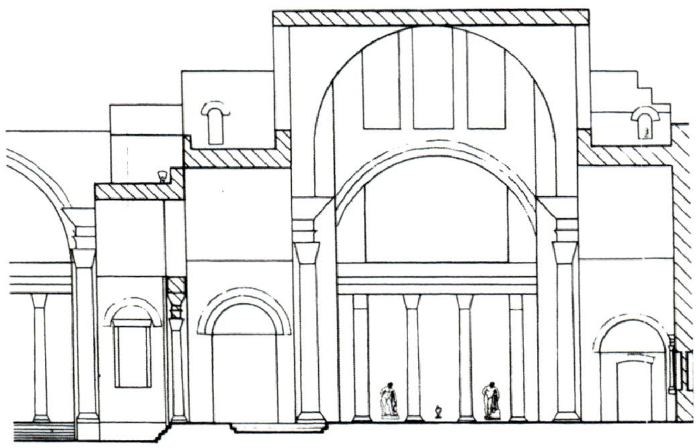

Rekonstruktion des römischen Aufstellungskontextes der beiden Herkulesfiguren

tralen Raums eröffnete sich auch der Blick auf die Vorderansicht der beiden Herkules-Statuen.

Zur besonderen Inszenierung in den Caracalla-Thermen gehört auch ein Figuralkapitell aus dem Frigidarium, das eine Verkleinerung des Herkules Farnese zeigt. Wie haben diese Herkules-Wiederholungen wohl auf den antiken Besucher gewirkt? Ging es hier um die bloße Darstellung des antiken Helden oder vielmehr auch um die künstlerische Ausarbeitung der Stücke?

Letztlich belegt die Fundsituation der beiden römischen Skulpturen ihre Funktion als Ausstattungsstücke für die Caracalla-Thermen.

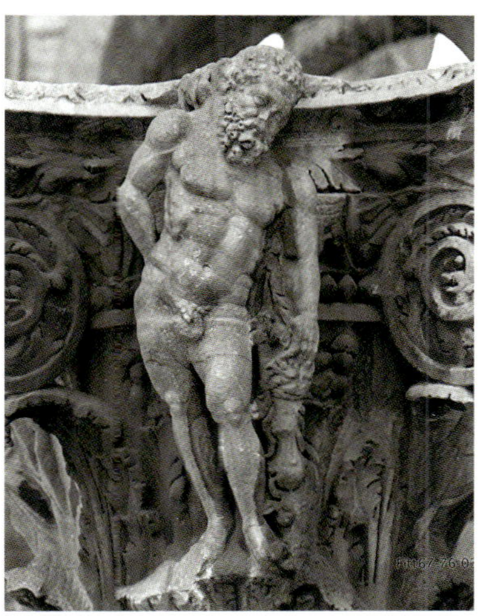

Am oberen Ende einer Säule in den Caracalla-Thermen war dieses Figuralkapitell angebracht. Es wiederholt den Typus Herkules Farnese.

Die Aufstellung im Palazzo Farnese

In den Jahren zwischen 1554 und 1560 erreichten die beiden Herkules-Skulpturen neben weiteren Funden ihren neuen Aufstellungsort im Innenhof des Palazzo Farnese in Rom, dem privaten Palast der italienischen Adelsfamilie Farnese, der später namensgebend für die hier behandelte Figur wurde. In den Jahren zwischen Fund und Neuaufstellung wurde der Herkules Farnese restauriert und ergänzt, denn die Figur war keineswegs in einem Stück entdeckt worden.

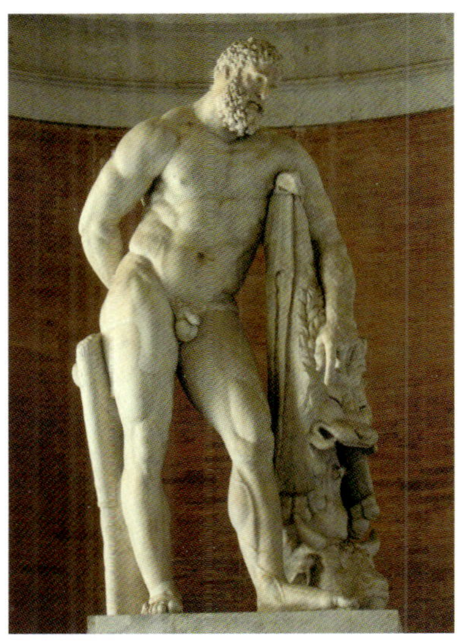

Der Herkules Caserta zeichnet sich vor allem durch den am Boden liegenden Stierschädel aus. Heute befindet sich die Skulptur im Palazzo Reale in Caserta.

Vielmehr bestand sie aus Einzelteilen, die wie ein dreidimensionales Puzzle wieder zusammengesetzt werden mussten. Der damals angesehenste Bildhauer Roms, Guglielmo della Porta, fertigte beträchtliche Ergänzungen an, zu denen auch die beiden Unterschenkel der Skulptur gehörten. Michelangelo hatte die »Grazie« dieser ergänzten Unterschenkel so sehr gelobt, dass man diese trotz der Wiederauffindung der originalen Stücke 1560 zunächst nicht austauschte.

Die neue Inszenierung der beiden Herkulesfiguren ist durch Grafiken überliefert und erinnert an die frühere Aufstellung in den Caracalla-Thermen. So zeigt Antonio Lafreri in einem Stich von 1560, wie auch hier die beiden Stücke nebeneinander in zwei Arkaden gesetzt sind und die Mittelachse der Hofloggia flankieren – wohl nach einem Entwurf Michelangelos. Im Unterschied zum römisch-antiken Aufstellungskontext sind die Figuren aber so inszeniert, dass sie zunächst nur von

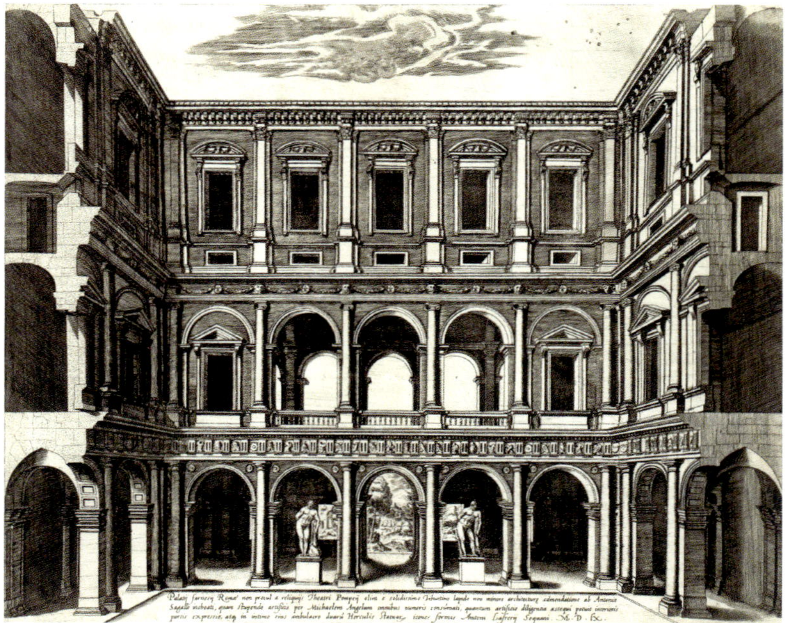

Antonio Lafreri zeigt in dieser Ansicht den Innenhof des Palazzo Farnese und überliefert damit auch die neue Aufstellungssituation der beiden Herkulesfiguren.

Der Torso einer verkleinerten römischen Kopie im Typus Herkules Farnese gehört zum Bestand der Antikensammlung in Kassel.

der Vorderseite – nämlich gegenüber dem Haupteingang – zu sehen sind. Erst das Umschreiten der farnesischen Figur eröffnet ihre Hauptaussage, da der Betrachter erst in der Rückansicht die Äpfel der Hesperiden erblickt und das damit verbundene zwölfte Abenteuer des Herkules assoziiert.

Dass die farnesische Antikensammlung als »scuola pubblica« – also als öffentliche Schule – Gelehrten und Künstlern zugänglich war, verdeutlicht ein 1775 entstandenes Werk des französischen Malers Louis Chays.

Begriffserklärungen

Kopie: Der Begriff Kopie bezeichnet das Verhältnis zwischen Original und Reproduktion. Die meist römischen Kopien sind Nachbildungen griechischer Bildwerke. Größtenteils sind sie in Marmor gearbeitet, weshalb sie in Teilen noch heute erhalten sind. Besonders während der römischen Kaiserzeit gab es einen massenhaften Kopierbetrieb im gesamten Reich. Die archäologische Methode der sog. Kopienkritik versucht aus den römischen Kopien das nicht erhaltene Original zu rekonstruieren.

Original: Das griechische Original war meist eine Bronzeplastik, die wegen des wertvollen Materials im Mittelalter oft eingeschmolzen wurde.

Typus: Das Original ist der Ausgangspunkt für die archäologische Definition eines Typus. Werke, die in allen wesentlichen Details (Körperhaltung, Kleidung, Falten- und Lockenangaben) übereinstimmen, gehören demselben Typus an. Kommt es zu Abweichungen von dem Typus, spricht man – je nach Art der Differenz – von Umbildung, Variante oder Werkstattstil.

Es trug erheblich zur Verbreitung und Berühmtheit des Herkules Farnese bei. So lag es nahe, dass auch der kunstinteressierte Landgraf Carl von Hessen-Kassel den Palazzo Farnese während seines Romaufenthaltes besuchte.

Der Typus Herkules Farnese

Die in den Caracalla-Thermen gefundene Marmorstatue ist nicht das einzige Stück, das Herkules in exakt dieser Körperhaltung wiedergibt. Bis heute wurden etwa 90 Kopien und Varianten dieses Typus gefunden, was ihn zu einem der beliebtesten der antiken Kunst macht. Die römischen Kopien gehen auf ein gemeinsames Urbild zurück, das in der Klassischen Archäologie immer wieder mit dem spätklassischen Bronzebildhauer Lysipp aus Sikyon in Verbindung gebracht wird. Ausschlaggebender Grund dafür war der Fund einer weiteren kolossalen Kopie des Herkules Farnese 1574 am südöstlichen Abhang des Palatin in Rom (heute im Palazzo Pitti), die die Inschrift »ΛΥΣΙΠΠΟΥ ΕΡΓΟΝ« (Werk des Lysipp) trägt. Da diese Inschrift jedoch als neuzeitliche Ergänzung entlarvt wurde und das Original nicht erhalten ist, existiert kein eindeutiger Beweis, wer der Schöpfer des ursprünglich griechischen Bronzewerks gewesen ist. Weitgehender Konsens herrscht allerdings hinsichtlich der Datierung des Originals in die Spätklassik, also in die Jahre um 330 bis 320 v. Chr. Noch einmal zurück zu »unserer« Herkules-Kopie aus den Caracalla-Thermen: Die archäologischen Forschungen der Kopienkritik konnten den Herkules Farnese als die getreueste Wiedergabe des Originals ausweisen. Er ist somit Repräsentant und Namensgeber für den gesamten Typus Herkules Farnese. Diese Marmorskulptur kann aufgrund der erhaltenen Inschrift »ΓΛΥΚΩΝ ΑΦΗΝΑΙΟΣ ΕΠΟΙΕΙ« (Glykon der Athener hat dies geschaffen) dem Athener Bildhauer Glykon zugeschrieben werden und lässt sich anhand der Haardarstellung ins späte 2. Jahrhundert n. Chr. datieren – demnach in die Regierungszeit des römischen Kaisers

Der Gipsabguss aus der Kasseler Antikensammlung ist einer der seltenen Abgüsse überhaupt, die von der römischen Herkulesfigur angefertigt wurden.

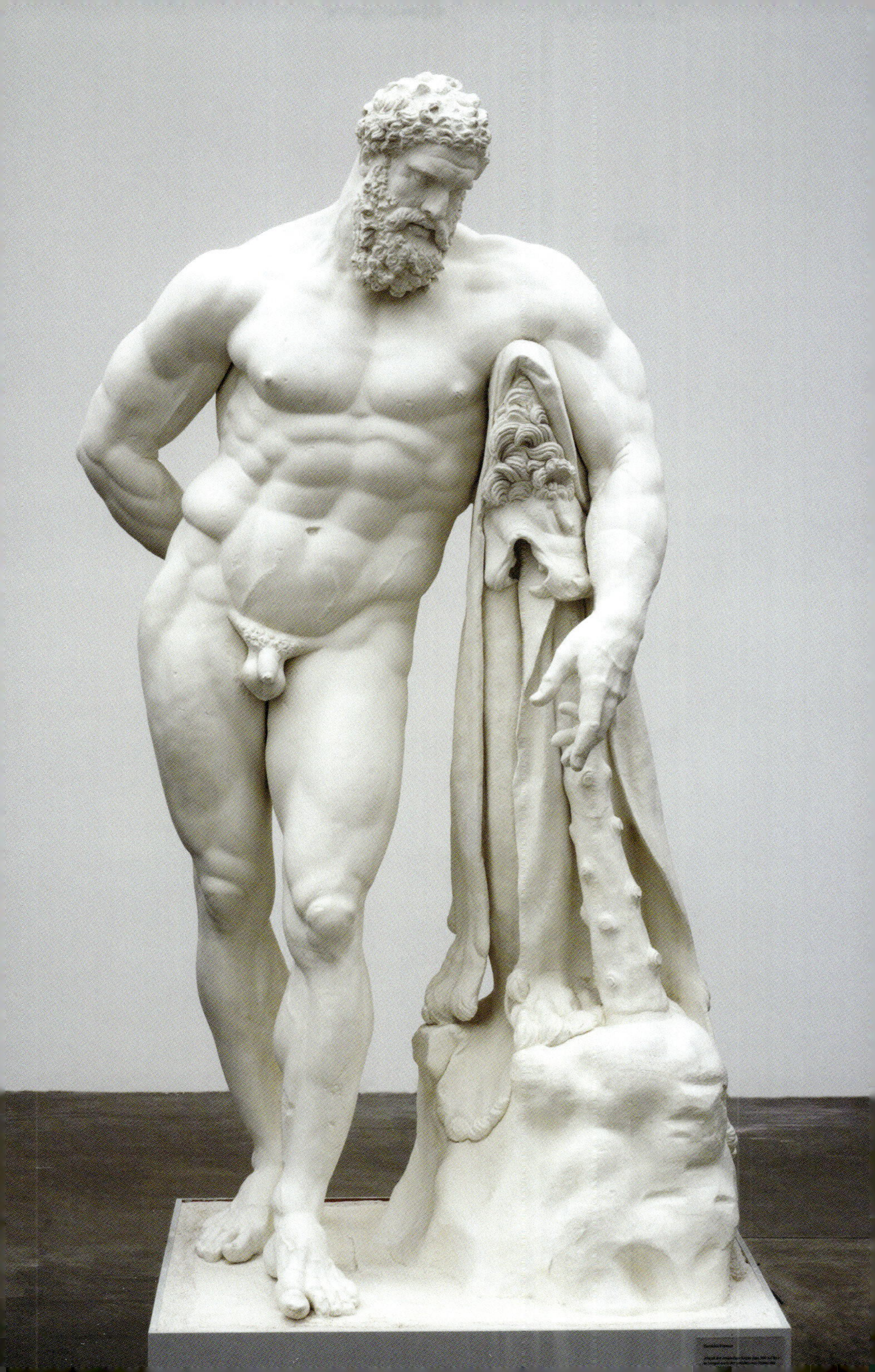

Die Motive des Typus Herkules Farnese

Der Typus des Herkules Farnese setzt sich aus verschiedenen Merkmalen zusammen. Zunächst ist ein spezifisches Haltungsmotiv zu erkennen: Beide Beine stehen fest auf dem Boden, wobei das linke vor das rechte gesetzt ist, was zu einer Art Schrittstellung führt. Der Oberkörper des Helden lehnt sich leicht nach vorn und weit nach links, wodurch die rechte Hüfte nach außen schwingt, und der massige Körper nicht mehr allein von den Beinen getragen werden kann. Das Standmotiv bedarf also einer weiteren Entlastung, weshalb ihm seine typischen Attribute zum Anlehnen beigegeben wurden: Auf einem Felsen ragt die Keule fast senkrecht empor, die vom Fell des nemeischen Löwen gepolstert wird und Herkules als Stütze unter seiner linken Achsel dient. Der Kopf des Helden ist nach links unten geneigt. Ein markantes Charakteristikum dieses Typus ist die hinter den Rücken geführte rechte Hand, in der sich die Äpfel der Hesperiden befinden. Dieses Motiv lässt erkennen, dass die Statue nicht allein aus der Vorderansicht zu verstehen ist. Der Betrachter ist dazu angeleitet – durch den nach hinten führenden Arm geradezu aufgefordert – um die Figur herumzugehen, damit er in den Genuss der gesamten inhaltlichen Aussage gelangt. Ebenso eigentümlich für den Typus sind die Wiedergabe der Frisur des Herkules sowie die Gestaltung des Löwenfells.

Caracalla, unter dem die gleichnamigen Thermen entstanden sind. Weitere Werke des Glykon sind leider nicht überliefert.

Das Meisterwerk

Wie gezeigt werden konnte, bezeichnet Herkules Farnese nicht nur die in den Caracalla-Thermen gefundene Marmorskulptur, sondern eben auch den Typus, der auf ein griechisches Bronzewerk zurückgeht.

Die schöpferische Idee dieses allansichtigen Herkules geht auf einen griechischen Bildhauer – möglicherweise Lysipp aus Sikyon – zurück. Diese Neuheit und seine Anerkennung in der römischen Kunst – mit etwa 90 erhaltenen Kopien – verdeutlichen die herausragende Stellung dieses Bildwerks.

Heutiger Aufstellungsort des Herkules Farnese

Wer erwartet, dass man noch heute die Skulptur des antiken Helden im Palazzo Farnese in Rom betrachten kann, liegt falsch. Denn sie befindet sich im Nationalmuseum von Neapel. Doch wie ist sie dorthin gekommen?

Mit dem Tod Antonio Farneses 1731 starb das Geschlecht dieser alten Adelsfamilie aus. Die Sammlungen erbte Elisabetta Farnese, Antonios Nichte und Frau des spanischen Königs Philipp V., ein Bourbone. Doch erst während der Regentschaft ihres Sohnes Karl als König von Neapel und Sizilien (ab 1759 spanischer König) gelangte zunächst nur ein Teil der farnesischen Sammlung aus Rom in die kampanische Stadt. Der Herkules Farnese blieb neben anderen Antiken weiterhin in Rom. Erst Karls dritter Sohn Ferdinand konnte Papst Pius VI. in den Jahren 1786/87 davon überzeugen, auch die in Rom verbliebenen Kunstwerke nach Neapel in den Palazzo Reale zu bringen. Vor dem Abtransport wurde der Herkules Farnese zunächst einer erneuten Restaurierung unterzogen, die unter der Leitung des Bildhauers und Restaurators Carlo Albacini vonstattenging. In diesem Zuge und über 200 Jahre nach der Wiederentdeckung der originalen Unterschenkel wurden diese endlich an den antiken Körper angesetzt. Die bis heute letzte Umsiedlung erfuhr der Herkules Farnese dann 1826, als die farnesische Sammlung dem Nationalmuseum von Neapel angegliedert wurde, wo er noch heute von den Besuchern bewundert werden kann.

Eine ebenso ausgeprägte Übernahme erfuhr auch die römische Kopie aus den Caracalla-Thermen nach ihrer Wiederentdeckung: Künstler wie Jacob Bos, Hendrick Goltzius und Philipp Otto Runge machten die Figur zum alleinigen Inhalt ihrer Werke, wohingegen Louis Chays ihn als Teil einer größer angelegten Komposition rezipierte. Neben dem Aufleben des Herkules Farnese in Gemälden und Grafiken ist seine Rolle in der barocken Gartenkunst nicht zu unterschätzen, wie beispielsweise die Anlagen von Vaux-le-Vicomte in Maincy und der Bergpark Wilhelmshöhe in Kassel verdeutlichen. Seit dem 19. Jahrhundert bis heute wird die Figur des Herkules Farnese so oft rezipiert, dass das Nachleben der antiken Skulptur bis in die Gegenwart spürbar bleibt. Allein das ist Grund genug, auch die römische Kopie des Herkules Farnese als ein Meisterwerk zu bezeichnen.

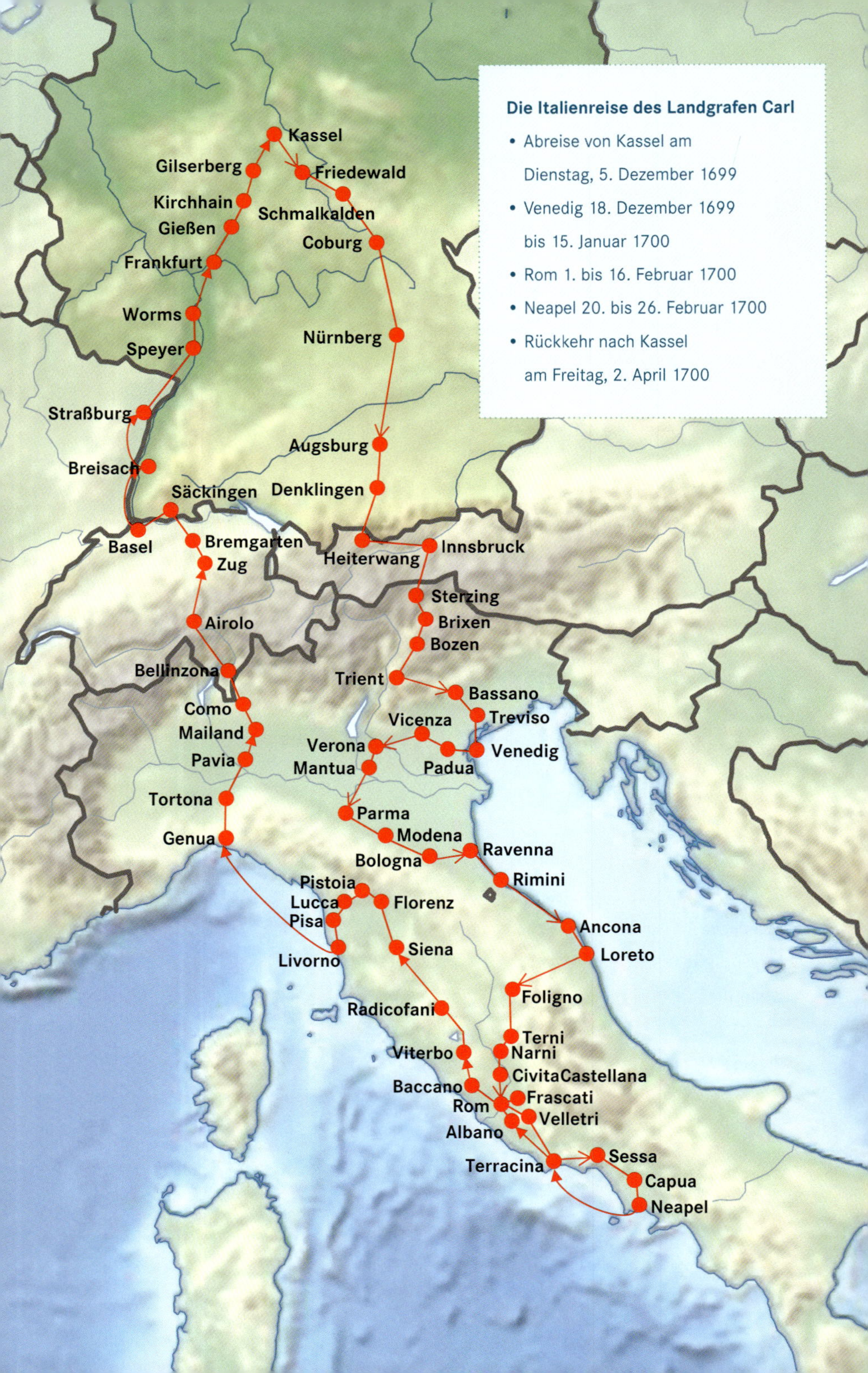

Die Italienreise des Landgrafen Carl
• Abreise von Kassel am
  Dienstag, 5. Dezember 1699
• Venedig 18. Dezember 1699
  bis 15. Januar 1700
• Rom 1. bis 16. Februar 1700
• Neapel 20. bis 26. Februar 1700
• Rückkehr nach Kassel
  am Freitag, 2. April 1700
Kassel
Gilserberg
Friedewald
Kirchhain
Schmalkalden
Gießen
Coburg
Frankfurt
Worms
Nürnberg
Speyer
Straßburg
Augsburg
Breisach
Denklingen
Säckingen
Basel
Bremgarten
Innsbruck
Zug
Heiterwang
Airolo
Sterzing
Brixen
Bozen
Bellinzona
Trient
Como
Bassano
Mailand
Vicenza
Treviso
Pavia
Verona
Venedig
Mantua
Padua
Tortona
Parma
Genua
Modena
Bologna
Ravenna
Pistoia
Rimini
Lucca
Florenz
Pisa
Ancona
Livorno
Siena
Loreto
Radicofani
Foligno
Terni
Viterbo
Narni
CivitaCastellana
Baccano
Frascati
Rom
Velletri
Albano
Terracina
Sessa
Capua
Neapel

Landgraf Carl (1654–1730): Die Italienreise

Nachdem sein älterer Bruder und Amtsvorgänger Wilhelm VII. während seiner Kavaliersreise in Paris 1670 einem Fieber erlegen war, ging das landgräfliche Amt auf Carl über. Da er bereits 1677 mit etwa 23 Jahren die Regierungsgeschäfte übernahm, entfiel für ihn die obligatorische Grand Tour. Möglicherweise hatten auch die Bedenken der Mutter dazu beigetragen, die bereits ihren ersten Sohn während einer solchen Reise verloren hatte.

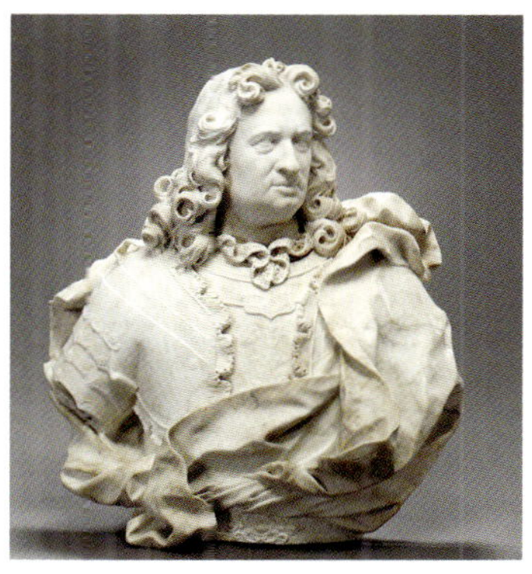

Landgraf Carl von Hessen-Kassel war nicht nur Urheber der barocken Wasserspiele und des Herkulesbauwerks im Bergpark Wilhelmshöhe, sondern er ließ auch die Karlsaue im Osten Kassels anlegen.

Erst mit 45 Jahren und kurz vor der Vermählung seines Sohnes Friedrich, dem späteren Landgrafen von Hessen-Kassel und König von Schweden, trat Carl eine vergleichbare Exkursion an, deren Großteil er von Dezember 1699 bis April 1700 in Italien verbrachte. Beweggrund für seine Bildungsreise war zum einen sein immenses Kunstinteresse, insbesondere an Antiken; zum anderen wollte er sich von den italienischen Gärten mit ihren Wasserspielen für sein eigenes Projekt am Winterkasten – dem späteren Carlsberg und heutigen Bergpark Wilhelmshöhe – inspirieren lassen. Denn nachdem sich Carl bereits ab 1687 der Gartenkunst gewidmet hatte, liefen die ersten Arbeiten am Carlsberg in Kassel bereits Ende der 1680er Jahre.

Um seinen strikten Reiseplan in der kurzen Zeit verfolgen zu können, nutzte Landgraf Carl ein Inkognito: Reichsgraf zu Solms. Dadurch umging er gesellschaftliche und höfische Verpflichtungen. Seine Fahrt

Die Reisegruppe aus Kassel überquerte innerhalb von 48 Stunden die Alpen und verbrachte den längsten Aufenthalt in Venedig.

diente hauptsächlich dem Besichtigen und Studieren von Kunstschätzen, Bauten und Gärten. Die Vorbereitungen waren im Geheimen abgelaufen, und es wurden nur wenige Vertraute in die Pläne involviert – nicht einmal seine Ehefrau erfuhr davon. Dementsprechend war die genaue Reiseroute nur wenigen bekannt, und sein Gefolge bestand aus lediglich zehn Bediensteten. Unter diesen befand sich auch der Kriegsrat Johann Balthasar Klaute, der als Dolmetscher fungierte und ein Tagebuch führte. Der 1722 als »Diarium Italicum« erschienene Bericht enthält neben der Route auch Informationen und Eindrücke zu den besuchten Stätten und Kunstwerken und vermittelt bis heute einen lebhaften Eindruck von Landgraf Carls Italienreise und seinem ausgeprägten Wissensdurst.

Italienische Gartenanlagen

Neben Kirchen und Kunstsammlungen besuchte Landgraf Carl während seiner Italienreise auch mehrere Villen mit ihren Gartenanlagen,

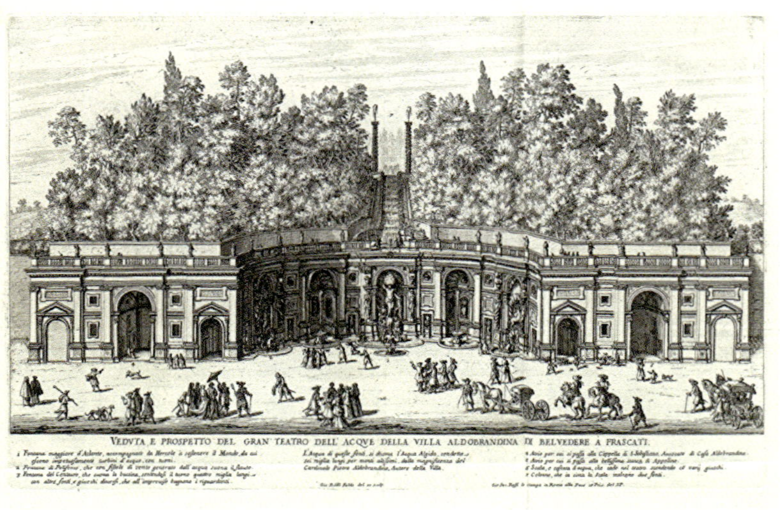

Die Kaskaden und das große Wassertheater im Garten der Villa Aldobrandini beeindruckten den Landgrafen auf seiner Reise besonders. Viele technische Innovationen und Teile des Figurenprogramms wurden für den Bergpark in Kassel übernommen.

> **Vexierwasser**
>
> Der Begriff »Vexier« wird vom lateinischen Verb »vexare« abgeleitet,
> was so viel wie »stark bewegen« oder »quälen« bedeutet. Die Vexier-
> wasser meinen demnach Wasserspäße, die durch in den Boden ein-
> gelassene Wasserdüsen entstehen und die Besucher »quälen« bzw.
> eher necken sollen. Sie sind nicht ständig in Betrieb, sondern über-
> raschen durch plötzliches Aufsteigen dünner Wasserstrahlen.

die oft über Wasserläufe, Springbrunnen und Kaskaden verfügten.
Zwei dieser Anwesen sind besonders erwähnenswert, da ihre Vorbild-
funktion für das Kasseler Bauprojekt unübersehbar ist und sie nach-
weislich als Inspirationsquelle gedient haben.

Im Gesamtentwurf der Kasseler Anlage folgte der Baumeister den
römischen Vorbildern: So bestimmt eine hangaufwärts laufende
Hauptachse mit mehreren Querachsen das Gartenbild eben so wie
das Schloss, das am Fuße dieser Achse liegt. Der Schwerpunkt der
Gartenanlage wurde hier wie dort auf das Element Wasser gelegt, während botanische Schmuckanlagen zurückgedrängt erscheinen.

Als unmittelbare Vorlage für die hydropneumatisch erzeugten Töne
des Kentauren und des Fauns in den Nischen des Riesenkopfplateaus
gelten die Wasserkünste in den Gärten der Villa Aldobrandini in Frascati bei Rom. So nennt Klaute die hydropneumatischen Anlagen als
Höhepunkt des Besuchs: »Für allen aber ein Centaurus, welcher auf
einen grün-gefärbten messingnen horn einen solchen starcken laut
von sich gibt/ daß/ wer nahe dabey stehet/ die ohren zustopffen
muß.« Auch das mythologische Programm im Garten der Villa Aldobrandini hatte den Landgrafen wohl so sehr inspiriert, dass neben den
Figuren des Kentauren und des Fauns auch das Motiv des wasser-
speienden Giganten Enkelados am Kasseler Riesenkopfbecken umgesetzt wurde. Als Abschluss der Wassertreppen der Anlage in Frascati
dienten die sog. Säulen des Herkules, die auch in den Entwürfen zum
Carlsberg eine Wiederholung fanden, aber nicht ausgeführt wurden.

Ebenfalls in Frascati befindet sich die Villa Ludovisi. Besonders die Vexierwasser der dortigen Gartenanlage, die die Besucher durch plötzliches Nassspritzen erschreckten, schienen den Landgrafen beeindruckt zu haben und veranlassten ihn dazu, eine Umsetzung auch in Kassel anzustreben.

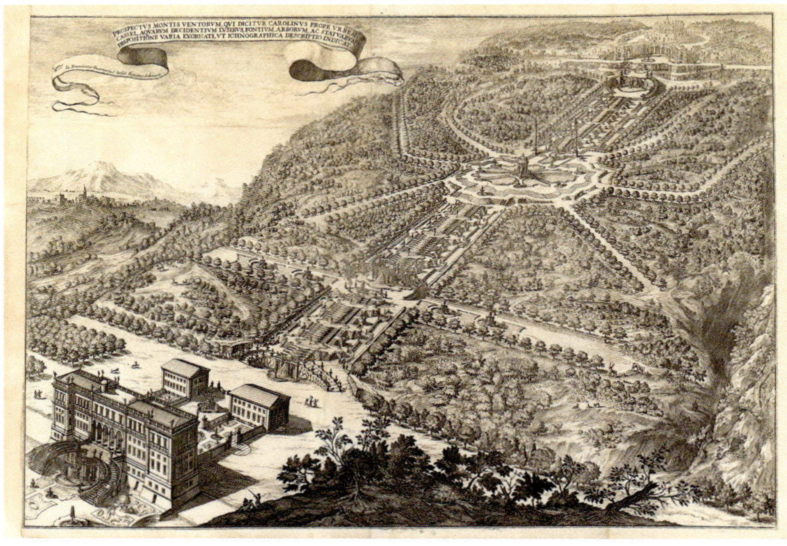

Das Stichwerk »Delineatio Montis« verdeutlicht die ursprünglichen Pläne für den Carlsberg, von denen nur ein geringer Teil verwirklicht wurde.

Besuch des Palazzo Farnese

Am Abend des 31. Januar 1700 trafen Carl und sein Gefolge in Rom, dem Hauptziel der Reise, ein. Nach den landgräflichen Pflichten am Vormittag des 1. Februar, wie dem Lesen und Beantworten von Briefen, stand bereits am Nachmittag ein Besuch des Palazzo Farnese und seiner herausragenden Antikensammlung an. Der exakte Ablauf kann nicht mehr nachvollzogen werden, jedoch vermittelt Klautes Bericht einen nachhaltigen Eindruck: Nach einer Einführung zur historischen Entwicklung des Palastes nennt er – vermutlich exemplarisch – Stücke aus der farnesischen Sammlung. Darunter ist auch eine mehr als

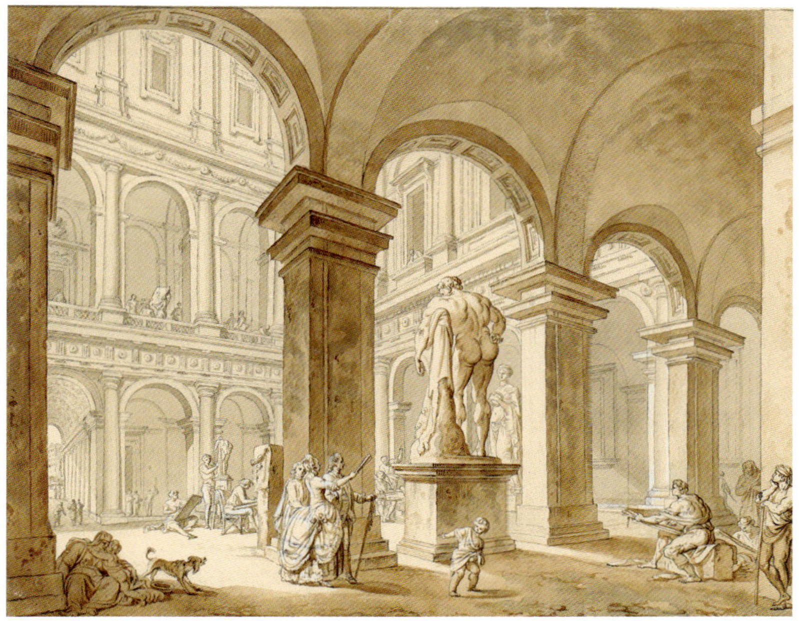

Louis Chays zeigt das rege Treiben von Künstlern und Gelehrten im Innenhof des Palazzo Farnese.

lebensgroße Herkulesfigur, die sich auf ihre Keule stützt. Es ist der sog. Herkules Farnese, der 14 Jahre später als Vorlage für die kolossale Kupferstatue in Kassel gedient hat. Da die Skulptur in klautes Aufzeichnungen als erste genannt wird, kann ihr eine besondere Bedeutung in Carls Wahrnehmung beigemessen werden, obwohl keine Wertung des Stückes vorgenommen wird. Der »über die Massen kunstreiche [...] wilde Ochse« – heute als farnesischer Stier bekannt – wird als zweites aufgeführt und erhält durchaus eine positive Bewertung. Warum nicht also auch der Herkules Farnese? Mit großer Sicherheit war dem kunstinteressierten Carl die Rolle dieses Stückes durchaus bewusst, denn sie galt damals als die berühmteste Statue der antiken Welt. Dennoch geben die erhaltenen Quellen keinen Aufschluss darüber, warum sich Carl für den Herkules Farnese als Bekrönung für sein späteres Bauprojekt entschied. Möglicherweise war er nicht das unmittelbare Vorbild, und eine andere Figur im Typus Herkules Farnese diente als Vorlage.

Um ein sehr verbreitetes Motiv für die landgräfliche Selbstdarstellung handelt es sich in jedem Falle. Herkules ist bereits seit der Renaissance ein beliebtes Motiv der bildenden Kunst und Teil der Herrscherikonografie gewesen.

Kennenlernen Guernieros

Wahrscheinlich schon vor der persönlichen Begegnung des Landgrafen mit seinem späteren Baumeister Giovanni Francesco Guerniero (um 1665–1745) wurde Carl im Zuge seines Besuchs der Villa Aldobrandini in Frascati auf den römischen Architekten aufmerksam, da dieser an den hydraulischen Anlagen des Parks mitgearbeitet hatte. Wohl dessen Erfahrung im Bereich der Hydraulik bewog den hessischen Landgrafen dazu, den Römer als Architekten für sein Bauprojekt am Winterkasten zu engagieren.

Giovanni Francesco Guerniero

Die Gründe für die Anstellung Guernieros am Kasseler Hof liegen wohl weniger in seiner künstlerischen Tätigkeit als Bildhauer, als vielmehr in seinen Erfahrungen im Bau hydraulischer Anlagen. So konnte in den neuesten Publikationen zum Leben Guernieros überzeugend dargelegt werden, dass er am Bau bzw. der Instandhaltung der Wasseranlagen im Garten der Villa Aldobrandini in Frascati mitgearbeitet hat. Seinen Ruhm hingegen erlangte der bisher unbekannte Wasserbauarchitekt durch sein Wirken in Kassel mit dem Bau des barocken Teils des heutigen Bergparks Wilhelmshöhe und durch die »Delineatio Montis« (Darstellung des Berges), eine Sammlung von Kupferstichen, in der er seine Pläne für den Carlsberg festhielt.

Persönliches

um 1665	in Rom geboren
1708	Heirat der Münsteranerin Antonie Sofie Duper
1711	Geburt der Tochter Sophia Carolina
1715	Geburt der Tochter Hedwig Luise
19. März 1745	in Rom verstorben

Schreibweisen seines Namen, die er teilweise selbst nutzte

Joannes Franciscus Guernierus, Gio. Francesco Guernieri, Jean François Guerniere und Johann Frantz Guernier

Aufträge unter Landgraf Carl von Hessen-Kassel

25. Okt. 1701 .... Wasserreservoir im Inneren des Oktogon, Grotten und Vexierwasser um das heutige Artischockenbecken

1. Okt. 1704 .... Fertigstellung der oberen Grottenanlagen, des Riesenkopfbeckens und der Kaskadenanlage

1. März 1708 .... Vollendung des Oktogon sowie Ausbesserungsarbeiten an Becken und Kanälen

30. Sept. 1713.............. Errichtung der Pyramide auf dem Oktogon

Auflagen seines Stichwerks »Delineatio Montis«

1705 .... in lateinischer und italienischer Sprache

1706 .... in deutscher und französischer Sprache

1727 und 1749............... Nachdrucke

Nachdem Guerniero seine Aufträge ausgeführt hatte, verließ er 1715 noch vor der Fertigstellung der Anlage Kassel, um zurück nach Rom zu reisen. Dort wurde er noch im selben Jahr als leitender Architekt und Präfekt der »Aqua Felice« angestellt.

Rückreise

Über Genua, Mailand und die Schweiz traten Landgraf Carl und sein Gefolge die Rückreise nach Kassel an, das sie am 2. April 1700 erreichten. Doch zuvor legten sie in Mailand vom 14. bis 16. März einen weiteren Zwischenstopp ein, der für die Entstehung des Kasseler Herkules eine entscheidende Wirkung haben sollte. Erstmals auf seiner Reise verzichtete Carl auf sein Inkognito und nahm die Gastfreundschaft des Prinzen Vaudémont an. Dieser lud ihn zu einem Ausflug auf die Borromäischen Inseln im Lago Maggiore ein. Ob er in diesem Zuge auch die kurz zuvor vollendete Kupferstatue des San Carlo

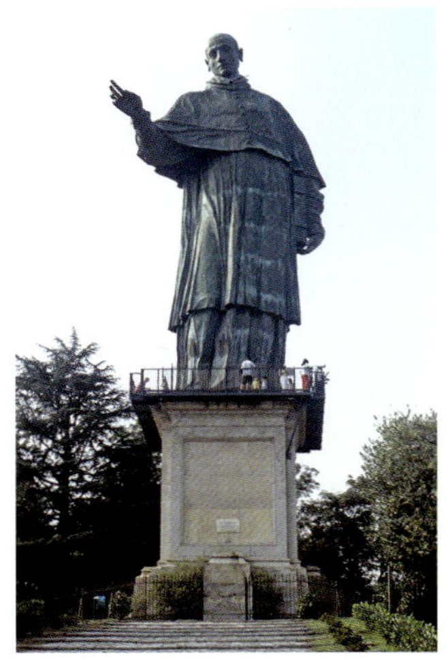

Borromeo in Arona sehen oder sogar besichtigen konnte, bleibt spekulativ. Obwohl Klaute nichts davon in seinem Reisebericht erwähnt, scheint die Kenntnis jener monumentalen Figur vor dem Hintergrund Carls großen Interesses an technischen Innovationen sehr wahrscheinlich – vor allem auch wegen der vergleichbaren Ausführung des Kasseler Herkules als Kupfertreibarbeit.

Die Statue des San Carlo Borromeo ist das einzig bekannte technische Vorbild für den Kasseler Herkules. Seine Bauzeit erstreckte sich über 100 Jahre.

Auszug aus Klautes Reisebericht

Nachmittags aber Sind Sie und Wir andern in Dero suite nebst einem Wurmschneider nach dem berühmten Palazzo Farnese, dem Herzog von Parma zugehörig/ gefahren. Der haubt=Baumeister von diesem magnifiquen Pallast ist der fürtreffliche Architectus Michel Angelo Buonaroti gewesen/ und unter dem Cardinal Alexandro Farnesio, nachmalen Papst Paulo III. angefangen/ und folgends unter dessen Ur=Enckel dem Cardinal Farnese perfectioniret worden. Er hat in der höhe 190. und in der breite nach der façe gerechnet/ 180. werckschuh/ und ist an demselben der Marmor nicht gesparet. Gleichwie dann um solchen zu embelliren der besagte Pabst von denen antiquen Gebäuden allerhand raritæten hat wegnehmen und anhero transportiren lassen. Unter andern die statue vom Hercule auf seiner kolbe sich steurende / in mehr als lebens=grösse/ so aus dem bad des Kaysers Titi Vespasiani anhero bracht worden. Der über die massen kunstreiche und mit denen vorder=beinen in die höhe sich bäumende wilde Ochse von Marmor/ an dessen hörner die unglückliche Dirce um wegen der mit dem Jove getriebenen unzucht von ihm getödtet zu werden/ mit ihren zöpffen angebunden ist/ und von zwey starcken Männern von einem felsen ins Meer gestürtzet werden soll; nebst andern neben=figuren/alle aus einem stück Marmor/ welche antique sculptur anfänglich in den Käysers Antonini Caracallæ badhauß gestanden/ und als man sie bey Regierung ermeldten Papst Pauli III. unter der erden wiedergefunden/ in diesen Pallast gebracht worden.

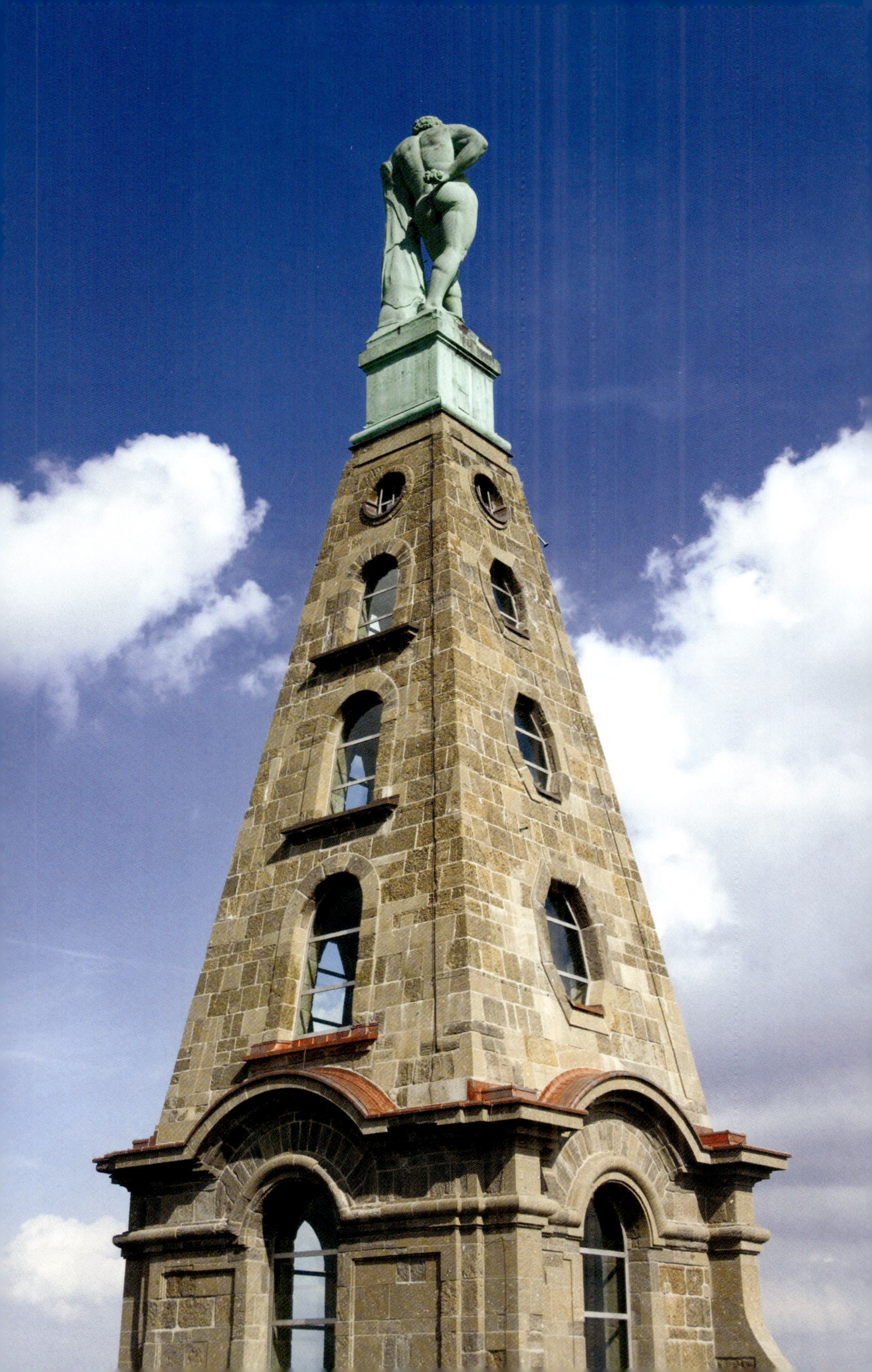

Errichtung und Restaurierung des Kasseler Herkules

Der Carlsberg

Im Sommer 1701 traf Giovanni Francesco Guerniero in Kassel ein. Er wurde vertraglich verpflichtet, »das Oktogon mit seinen Zubehören, das sich oberhalb und auf dem Felsen und Berge nahe dem Schloß Weißenstein befindet, … zu vollenden.«[4] Die bisherigen Referenzen des Architekten und die nachfolgenden Verträge legen die Vermutung nahe, dass Guerniero sich aber vor allem auf die Wasserkünste konzentrieren sollte. Guerniero sah eine zentrale, den Berghang beherr-

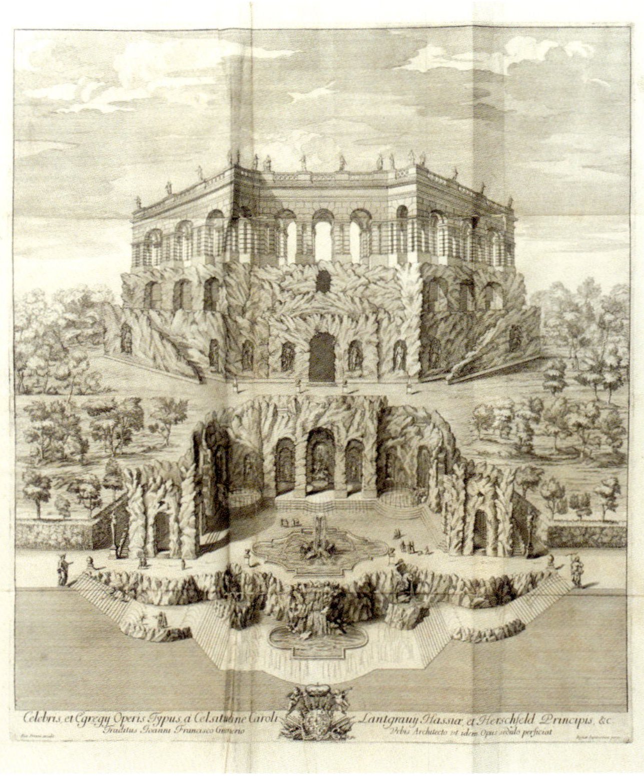

Delineatio Montis: Ansicht des Oktogons – noch ohne Pyramide

---

4 Heidelbach 1909, S. 86-88.

schende Kaskadenachse vor, die sich von dem Oktogon auf dem Berggipfel über 1100 Meter bis zu einem neuen Schloss am Fuße des Berghangs erstrecken sollte. Das Projekt wurde in dem repräsentativen Kupferstichwerk »Delineatio Montis« 1705 in Rom bzw. 1706 in Kassel veröffentlicht.

Ab 1702 wurden die bereits in den 1690er Jahren begonnenen Bauarbeiten auf dem Winterkasten intensiviert. Bis Ende 1707 wurde der in den Grundzügen bereits vorhandene »Berg«, das heißt der monumentale Grottenunterbau des Oktogons, ausgebessert und felsenartig verkleidet. Auch das Vexierwasserplateau mit den Grotten und dem Artischockenbecken sowie das obere Drittel der Kaskaden sollten bis dahin fertiggestellt sein. Die Errichtung des 2. Obergeschosses mit Aussichtsplattform war am 1. März 1708 vertraglich beschlossen worden; Guerniero hatte die »Erbauung des bezeichneten Oktagon« bis zum Jahresende 1711 zu vollenden. Auf den felsenartig verkleideten, massiven Grottenunterbau wurde nun also eine fein gegliederte Architektur gesetzt, deren weite Arkaden den Blick in die Landschaft freigaben. Der Gegensatz zwischen dem natürlich wirkenden, schroffen Felsmassiv und der erhabenen, leichten Architektur war bewusst inszeniert und sollte in eindrucksvoller Weise den Triumph der Kunst über die Natur verkörpern. Damit repräsentiert das Oktogon das Streben der absolutistischen Herrscher, die ungezähmte Natur ihrem Willen zu unterwerfen und durch gewaltige Bauten zu beherrschen.

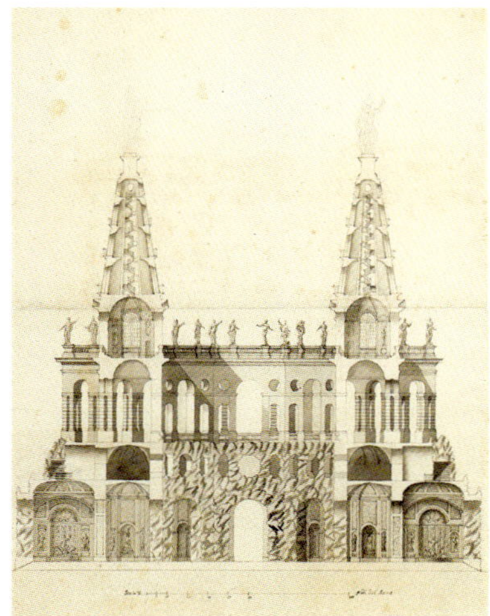

**Entwurf des Oktogons mit zwei Pyramiden,
Guerniero 1713**

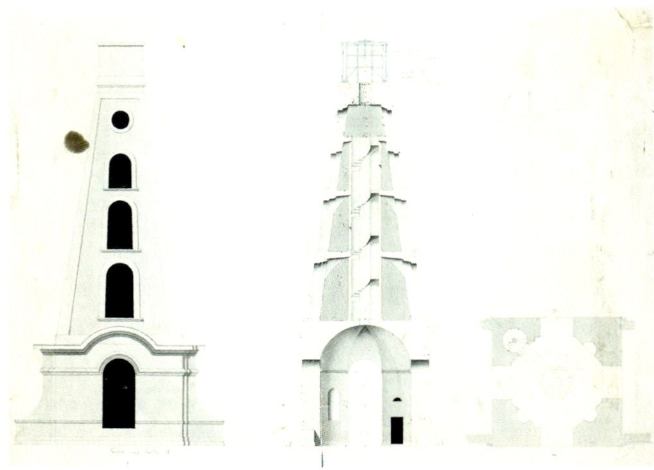

Entwurf zur ausgeführten Pyramide, Guerniero 1713

Nach Vollendung des Oktogons ließ sich nicht mehr leugnen, dass das ambitionierte Gesamtprojekt für den Winterkasten aufgrund technischer und vor allem finanzieller Schwierigkeiten zum Scheitern verurteilt war. So entschied Landgraf Carl 1713 in Abweichung zur ursprünglichen Planung, das Oktogon zumindest durch weitere Aufbauten zu erhöhen, um die Wirkung des Bauwerks zu steigern und ein klares Zeichen seines Herrschaftsanspruchs zu setzen. Zunächst sollten auf der oberen Plattform zwei steile Pyramiden mit bekrönenden Statuen postiert werden. Es sollte sich vermutlich um Herkules und Minerva handeln, die auch das Landeswappen auf dem Titelblatt der »Delineatio Montis« flankieren. Schließlich beschränkte man sich auf eine Pyramide an der Ostseite des Bauwerks, welche die größte Fernwirkung versprach. Die 1714 bis 1715 errichtete Pyramide wurde schließlich von einer monumentalen Kopie des antiken Herkules Farnese bekrönt, den der Landgraf im Februar 1700 im Palazzo Farnese gesehen hatte und als angemessen erachtete, sowohl den Machtanspruch als auch die Tugenden eines weisen und gerechten Herrschers zu verkörpern.

Das konstruktive System der Herkulesfigur: leichtgewichtig, stabil und vorfertigbar

Aufgrund des instabilen Baugrunds, des weichen, verwitterungsanfälligen Tuffsteins und der teilweise gewagten Konstruktionen hatte es schon während der Errichtung des Oktogons immer wieder Teileinstürze gegeben. Die exzentrisch auf der östlichen Hangseite des Gebäudes aufgesetzte Pyramide verschärfte diese Problematik zusätzlich, sodass erste Verstärkungseinbauten erfolgen mussten. Somit war klar, dass die bekrönende Statue möglichst leicht sein musste, was massive Bauweisen oder Gusstechniken von vornherein ausschloss. Gleichzeitig musste sie extrem stabil sein, um den enormen Windlasten in dieser exponierten Lage standzuhalten. Und schließlich galt es, einen Weg zu finden, der die Montage auf der Spitze der steilen Pyramide erleichterte bzw. überhaupt ermöglichte.

Aufgrund dieser Anforderungen entschied man sich für eine Ausführung als filigrane Kupfertreibarbeit, obwohl diese Technik für monumentale Standbilder bis dahin kaum erprobt war. Wie außergewöhnlich das gewählte Verfahren damals war, zeigt sich in dem Erstaunen Johann Friedrich Armand von Uffenbachs 1728: »Ich hielte dieße Statua anfanglich vor Metal gegoßen, wurde aber dabey belehret, daß sie von getriebenen und über ein holzern Modell geschlagenen Kupferblatten zusammen gelöthet seye, welche Arbeit mir überaus unbegreifflich, künstlich und sonderbahr vorkahme«.[5]

San Carlo Borromeo bei Arona

Die konkrete Anregung, den Kasseler Herkules als Kupfertreibarbeit zu fertigen, hat möglicherweise die Figur des San Carlo Borromeo oberhalb des Lago

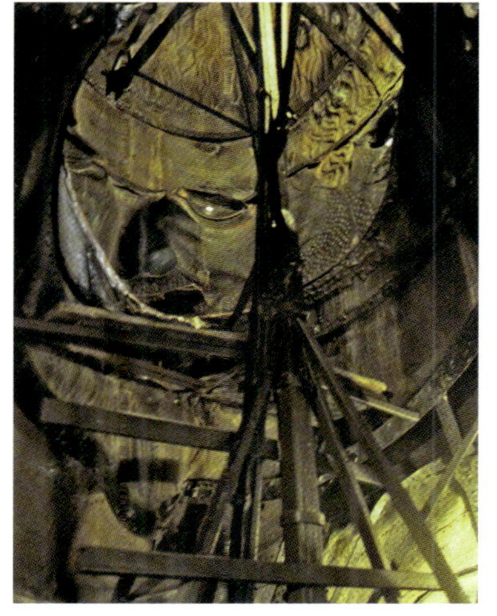

San Carlo Borromeo, Blick in den Kopf

5 Uffenbach 1728 / 1928, S. 49.

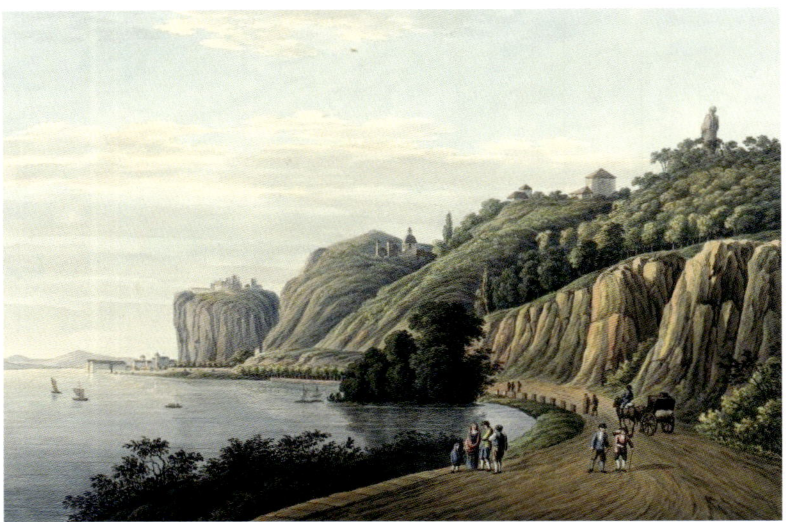

Ansicht des Lago Maggiore mit der Statue des San Carlo Borromeo, Lithographie um 1820

Maggiore gegeben, den Landgraf Carl während seiner Italienreise im März 1700 passiert hatte. Die erst 1698 eingeweihte Statue wird dank ihrer innovativen Konstruktion, ihrer Größe und Fernwirkung weit über die Landesgrenzen hinaus eine Sensation gewesen sein, welche auf Pilger wie Touristen eine magische Anziehungskraft gehabt haben muss. Begonnen bereits um 1598 unter Giovanni Battista Crespi, genannt Cerano, ist »San Carlone« die weltweit älteste monumentale Kupfertreibarbeit und der einzige Vorläufer des Kasseler Herkules.

Die circa 20 Meter hohe Statue steht auf einem elf Meter hohen Granitsockel. Im Inneren der Figur befindet sich eine massive Säule, in der schmiedeeiserne Stäbe eingelassen sind. An diesen auskragenden Ankerstäben sind die dünnen Kupferbleche montiert und untereinander vernietet. Wie in Kassel war bereits auch für Cerano eine weitmögliche Material- und Gewichtsminimierung ausschlaggebend gewesen, um die Kupfertreibtechnik gegenüber einer massiven Fertigung durchzusetzen. Damit hatte er technisches Neuland betreten. Wie schwierig das Unterfangen gewesen sein muss, zeigt allein die lange Bauzeit von rund 100 Jahren, die von Planänderungen und Unterbrechungen gekennzeichnet war.

Die Kupfertreibarbeiten und die Vorfertigung des Herkules

Da die Technik des Kupfertreibens dem Goldschmiedehandwerk eng verwandt ist, holte Landgraf Carl für diese anspruchsvolle Aufgabe 1713 den »Goldschmidt Anthoni von Berlin«[6] nach Kassel, der einer renommierten Augsburger Goldschmiedefamilie entstammte. Während Johann Jacob Anthoni für die Kupfertreibarbeiten verantwortlich war, wurde dem Kasseler Bauschmied Johann Balthasar Klocke die Ausführung des schmiedeeisernen Innengerüstes übertragen. Die Entwicklung des konstruktiven Systems, die Herstellung und Montage der Herkulesfigur müssen Anthoni und Klocke viel Kopfzerbrechen bereitet haben, denn hierfür waren viele aufeinander abgestimmte Arbeitsgänge notwendig.

Fast alle Rohstoffe, die benötigt wurden, stammten im Sinne einer merkantilistischen Wirtschaftspolitik aus landeseigenen Bergwerken und Manufakturen. Im Kupfererzbergwerk Richelsdorf in Osthessen wurde das Rohkupfer produziert. Bereits dort wurden auch die vier Halbschalen für den Kopf in einem Hammerwerk ausgeformt. Das übrige Rohkupfer lieferte man in Form von Blöcken an den Kupferhammer und Messinghof in Bettenhausen bei Kassel. Diese Manufaktur hatte Landgraf Carl 1679 an der Stelle einer ehemaligen Wassermühle gegründet. Hier wurden die aus Richelsdorf gelieferten Rohblöcke unter wasserkraftbetriebenen Schwanzhämmern zu maximal etwa einen Quadratmeter großen Blechen von drei Millimetern Stärke ausgetrieben. Auch die grobe Vorformung der Kupferbleche konnte nur mit Kraft der Hämmer geleistet werden.

Die vorgeformten Kupferbleche wurden aus dem Messinghof an Anthoni übergeben, der die wesentlich aufwendigeren Treibarbeiten

6 HStAM, Cabinetsarchiv B 196 III, 1713, Bl. 125.

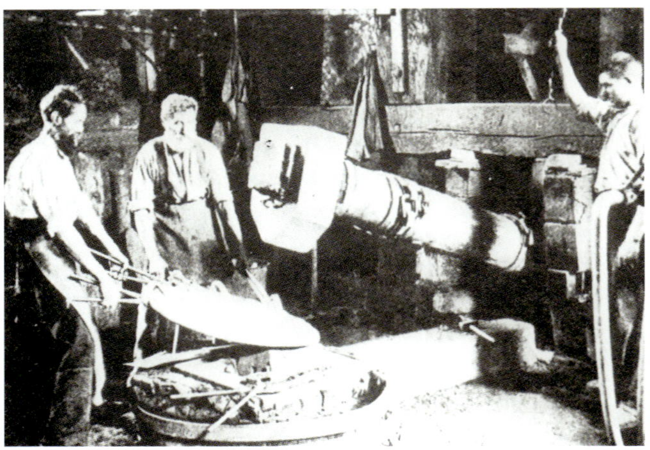

Arbeiten im Kupferhammer Bettenhausen zu Beginn des 20. Jahrhunderts

ausführte. Anthoni hatte sich zu diesem Zweck 1713 in Kassel eine Werkstatt eingerichtet, die am ehemaligen Schlossgraben vermutet wird. Die Bleche bearbeitete Anthoni abwechselnd von beiden Seiten mit Treibhämmern und brachte sie so in die gewünschte Form. Um das Kupfer in einen treibfähigen Zustand zu versetzen, mussten die Bleche immer wieder aufgeglüht werden. Die Ausbildung komplizierter, kleinteiliger Einzelformen – wie der Hände, der Äpfel oder des Kopfes – war besonders schwierig, da hier die Gefahr der Materialermüdung ungleich größer war als bei weniger stark ausgeformten Flächen. Deshalb setzte er diese Teile aus deutlich kleineren Einzelblechen zusammen. Um feine Strukturen mit Punzen und Hämmerchen auszutreiben, verwendete Anthoni Treibpech oder auch Blei, das er partiell auf die Kupferform aufkittete. Das Kupfertreiben war also eine schweißtreibende, sehr aufwendige und heikle Arbeit. Als besondere Erschwernis kam hinzu, dass die Proportionen der Herkulesfigur in einen deutlich überlebensgroßen Maßstab übertragen werden mussten. Als Arbeitsgrundlage dienten hierfür hölzerne Modelle, sicher auch in unterschiedlichen Maßstäben.

Die ausgeformten Einzelbleche wurden noch in der Werkstatt aneinander angepasst und irreversibel miteinander verbunden. Dazu trieb man die vorgeformten Bleche an den Rändern dünner aus und schnitt sie auf die gewünschte Größe zu. Anschließend wurde jeweils eine Seite der Blechränder kammartig eingeschnitten und wechselseitig aufgebogen, sodass sich die Kupferbleche übereinan-

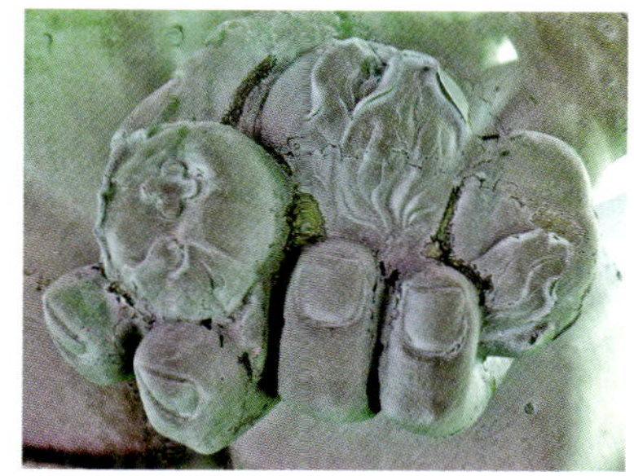

Die goldenen Äpfel der Hesperiden

der schieben und ohne störenden Absatz miteinander verzahnen ließen. Die Nahtstellen wurden messinghart verlötet, durch feine Nieten gesichert und anschließend geglättet, sodass eine untrennbare und nahezu unsichtbare Verbindung entstand. Diese verlöteten Zahnverbindungen, die Anthoni aus dem Gold- und Silberschmiedehandwerk vertraut waren, erlaubten also eine weitgehende Vorfertigung der Figur, gleichzeitig aber auch eine hohe optische Qualität, Stabilität und lange Haltbarkeit.

Natürlich konnte die gesamte Kupferhaut nicht bereits in der Werkstatt zu einem Stück zusammengefügt werden. Denn die 8,30 Meter hohe Statue komplett vorzufertigen, im Ganzen bis zum Carlsberg zu transportieren und dort in 60 Metern Höhe auf der steilen Pyramide aufzusetzen, wäre undenkbar gewesen, ohne dass die fragilen Kupferbleche Schaden genommen hätten. Auch die Montage des inneren Eisengerüstes wäre technisch unmöglich gewesen. Deshalb fügte Anthoni die einzelnen Bleche zu 21 transportablen Segmenten zusammen, die sich relativ unkompliziert auf den hochgelegenen Bauplatz liefern ließen: Plinthe, Felsbrocken, Keule und Löwenfell, Füße, Unter- und Oberschen-

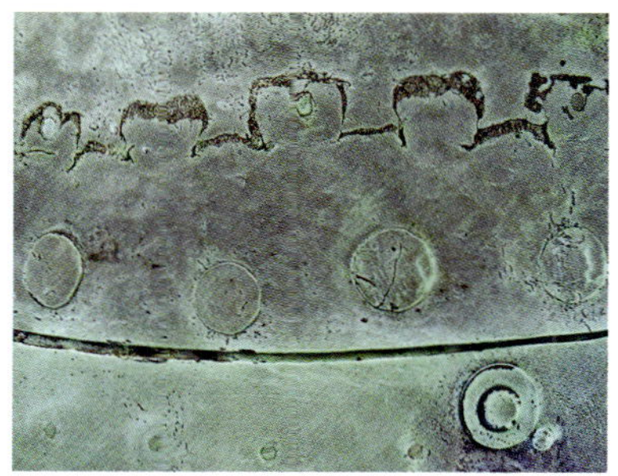

Dauerhafte Zahnverbindung (oben), glatte Naht zwischen den einzelnen Körperteilen (unten)

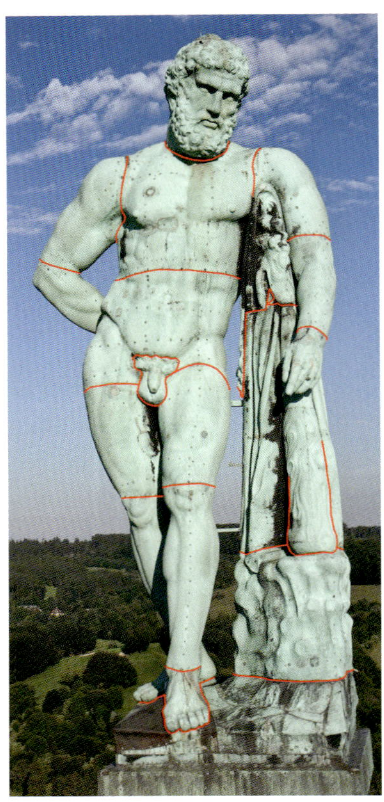

Ansicht der Herkulesfigur mit Markierung der 21 Kupfersegmente bzw. Körperteile (rot)

kel, Bauch-Lendenbereich, Geschlecht, Brustkorb, Ober- und Unterarme, Hände und Kopf.

Die Schmiedearbeiten und die Montage

Auch das innere Eisengerüst der Herkulesfigur wurde in der Schmiedewerkstatt Johann Balthasar Klockes komplett vorgefertigt. Das hierfür notwendige Stabeisen kam aus dem landgräflichen Eisenhammer Holzhausen bei Homberg. Die Figur wurde über einem quadratischen, drei Meter hohen Sockel montiert, der ursprünglich nicht mit Kupferblechen, sondern mit Eisenplatten bekleidet war, die wie die Pyramide farbig gefasst waren. Das Postament sollte also als krönender Abschluss der Pyramide begriffen werden. Der Sockel ist allerdings nicht massiv gemauert, sondern verbirgt in seinem Inneren ein regelmäßiges schmiedeeisernes Fachwerkgerüst aus vertikalen Ständern, horizontalen Riegeln und aussteifenden Streben. Die große Präzision der Eisenkonstruktion lässt darauf schließen, dass der Sockel bis in die Details zeichnerisch durchkonstruiert und in der Werkstatt probeweise vormontiert worden war. Für die Verankerung des Sockelgerüstes wurden in die Pyramide fast vier Meter tiefe Ankerlöcher getrieben, in denen die Vertikalstäbe und Strebenschuhe eingelassen wurden. Auf die vertikalen Eckständer wurden die Horizontalstäbe und Streben einfach aufgefädelt. Das Sockelfachwerk war also ein prinzipiell reversibles Steckgerüst, das nahezu ohne arbeitsaufwendige Schraubverbindungen auskam. So konnte man den Sockel, einem Baukastensystem gleich, schlichtweg zusammenstecken, was die Montage auf der Pyramide beträchtlich erleichterte.

Das eiserne Gestänge der 8,30 Meter hohen Figur befestigte man fast ausschließlich am Sockelgerüst. Die Vielzahl unterschiedlicher Verbindungstechniken, mehrere Fehlbohrungen und in sich verdrehte Stangen deuten darauf hin, dass die Konstruktion der Figur im Gegensatz zum Sockelfachwerk erst während der Montage endgültig festgelegt und justiert wurde. Der Montageprozess lief in mehreren Schritten ab: Die Eisenkonstruktion der Figur besteht im Wesentlichen aus sechs langen, mehrfach gestoßenen Vertikalstäben – zwei Stäbe verlaufen durch beide Beine, die restlichen vier pyramidal durch den hohen Felsblock. Zunächst befestigte man die sechs untersten Stabsegmente am Sockelgerüst und brachte sie ungefähr in die endgültige Position. Dann konnte das erste Kupfersegment – nämlich die Plinthe – übergestülpt werden. Dieser Prozess wiederholte sich noch zweimal: Nachdem jeweils die nächsten sechs Stabsegmente mit den unteren Stäben verschraubt waren, konnten die folgenden Körperteile übergestülpt und mit den unteren Kupfersegmenten vernietet werden.

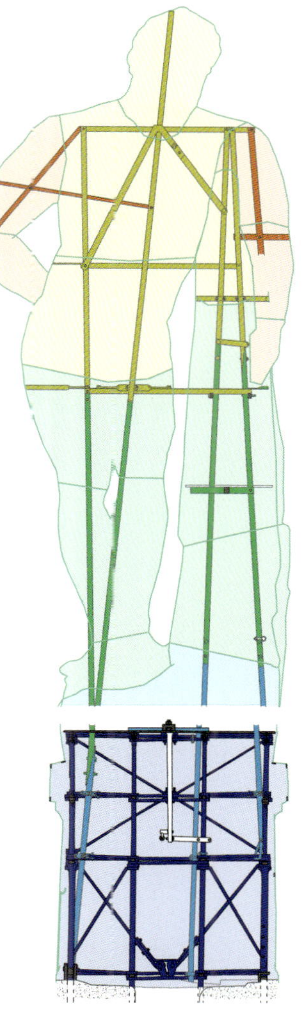

Montage der Figur: Blau – grün – gelb – rot sind die aufeinanderfolgenden Arbeitsschritte markiert.

Schließlich wurden die sechs langen Stäbe im Schulterbereich des Herkules an einem Horizontalstab befestigt. Die Arme befestigte man an auskragenden Trägern, die diesen exponierten Körperteilen ausreichenden Halt verliehen. Parallel dazu arbeitete man auch an der

Queraussteifung, um dem noch wackeligen Gestänge Standsicherheit zu verleihen. Schließlich wurden auf die fragile, nur zwei bis drei Millimeter dünne Kupferhaut inwendig schmiedeeiserne Bänder genietet, die die notwendige Stabilität gegenüber Winddruck und Eigengewicht herstellten. Zwischen den einzelnen Körperteilen bzw. Kupfersegmenten zeichnen sich die glatten Nähte mit ihren großen Nieten deutlich ab. Diese Nähte sind reversibel, sodass zum Beispiel die Abnahme des Kopfes für Restaurierungsarbeiten immer wieder problemlos möglich ist, wogegen die werkstattseitigen Zahnverbindungen eine untrennbare und nahezu unsichtbare Verbindung herstellten. Zuletzt wurde die vollendete Eisenkonstruktion mit einem Rostschutzmittel überzogen.

Im November 1717 war die Herkulesfigur nach nur vier Jahren Arbeit offiziell vollendet. Angesichts der erschwerten Voraussetzungen und des fehlenden Erfahrungsschatzes in der Herstellung monumentaler Kupfertreibarbeiten handelt es sich um eine unglaubliche Leistung, die von der Schöpfungskraft Anthonis und seiner Mitarbeiter zeugt, welche handwerkliches Können, künstlerisches Talent und baukonstruktive Kenntnisse vereinten. Umso erstaunlicher ist es, dass die Urheberschaft Anthonis erst im Jahr 1900 mit der Entdeckung der runden Kupferplakette unter der Schädeldecke des Herkules ans Licht kam: »CAROLUS LANDGR. Z. H. / HAT DIESES BILD MACHEN LASSEN / DURCH IOH. IACOB ANTHONI EIN GOLDSCHMID / GEBÜRTIG AUS AUGSPURG IST ANGEFANGEN ANNO 1714 UND / FERTIG WORDEN ANNO 1717 D 30 NOV.« Auch wenn die Schöpfungsurkunde Johann Balthasar Klocke nicht erwähnt, verdient seine Arbeit gleichermaßen Anerkennung, da das ausgeklü-

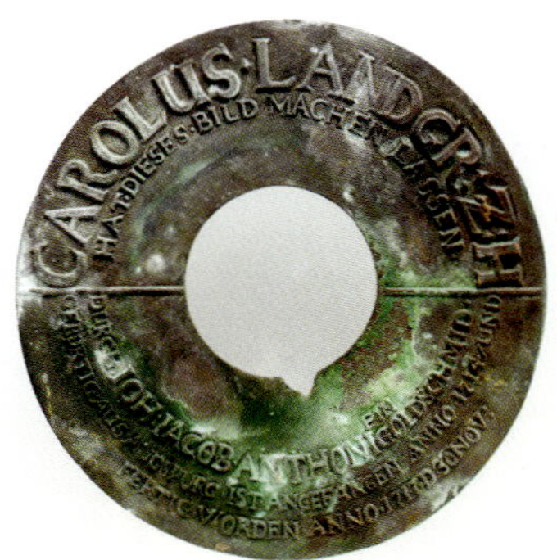

Schöpfungsurkunde von 1717

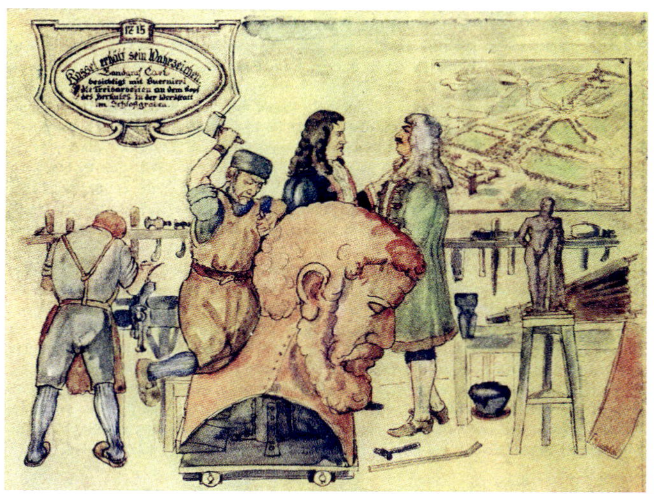

**Fiktive Darstellung der Werkstatt am Schlossgraben:
Landgraf Carl und Guerniero besichtigen die Kupfertreibarbeiten.**

gelte schmiedeeiserne Innengerüst überhaupt erst die Montage der
Figur auf der Spitze der Pyramide ermöglichte und seit 300 Jahren die
Standsicherheit der Herkulesfigur gewährleistet.

Die gelungene Proportionierung der Herkulesfigur, die Qualität ihrer
handwerklichen Ausführung, die Maßgenauigkeit und die detailge-
naue Ausarbeitung, die auch aus der Nähe nicht enttäuscht, belegen
aber auch den hohen Anspruch des Landgrafen, der die fähigsten
Fachkräfte an seinen Hof zu holen suchte. Die fiktive Darstellung der
Werkstatt am Schlossgraben, die Landgraf Carl und Guerniero bei der
Begutachtung der Metallarbeiten zeigt, dürfte das starke persönliche
Interesse des Auftraggebers treffend widerspiegeln.

Die Herkulesfigur im Wandel der Zeiten

Die zwischen 1716 und 1721 entstandene Gemäldeserie der Hofmaler
Jan und Rymer van Nickelen zeigt das Herkulesbauwerk unmittelbar
nach seiner Vollendung. Man kann sich gut vorstellen, welch über-
wältigende Ausstrahlung die Herkulesfigur hatte – kupferrot glänzend

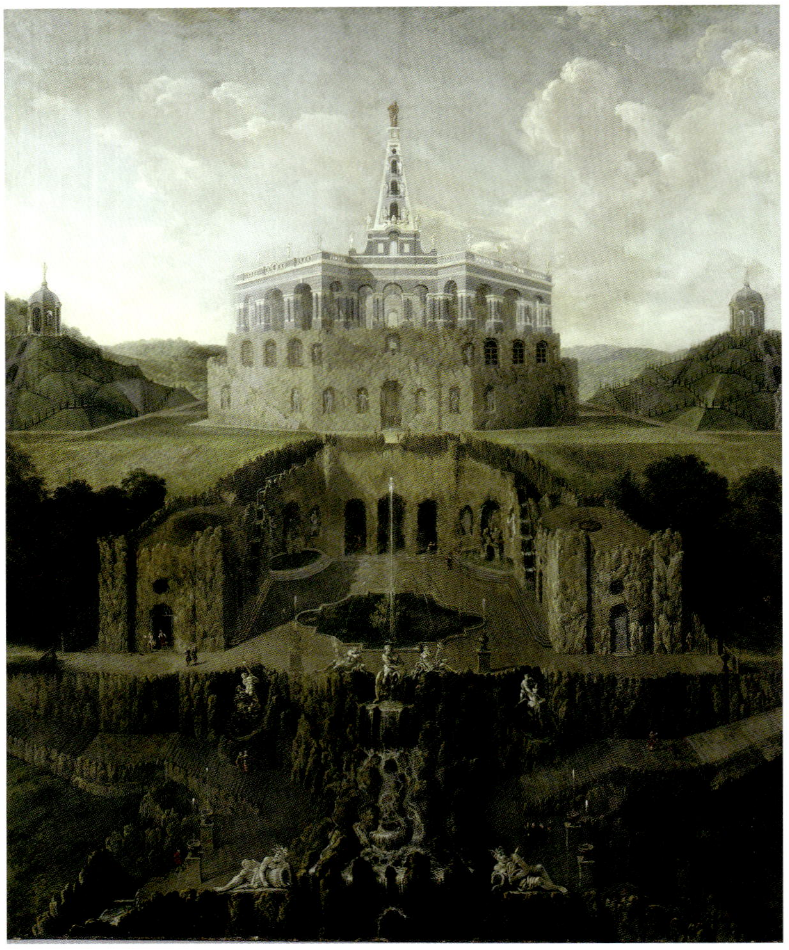

Das Herkulesbauwerk mit Pyramide und Herkulesfigur kurz nach ihrer Vollendung, Jan van Nickelen, um 1716–1721

auf der Spitze der farbig gefassten Pyramide, rund 60 Meter über das Plateau des Carlsbergs erhoben. Der kupferrote Glanz ging aber aufgrund der Oxidation des Metalls bald in eine bräunliche, später in eine fast schwarze Verfärbung über, bis letztlich die für Kupferoberflächen charakteristische blassgrüne Patina erreicht war, die gleichzeitig eine schützende Funktion erfüllt.

Am Oktogon mussten von Anfang an kontinuierlich Instandsetzungsarbeiten ausgeführt werden, um das aus dem verwitterungsanfälligen Tuffstein bestehende Bauwerk zu sichern, sodass sich das Erscheinungsbild des Bauwerks in den letzten 300 Jahren grundlegend verändert hat. Hingegen ist die Herkulesfigur sehr gut und weitgehend im Originalzustand erhalten, was umso bemerkenswerter ist, wenn man neben den begrenzten technischen Möglichkeiten des frühen 18. Jahrhunderts auch die exponierte Standortwahl in fast 600 Metern Höhe ü. NN bedenkt. Dadurch war die Statue von jeher extremen Witterungseinflüssen ausgesetzt, insbesondere enormen Windbelastungen, Blitzeinschlägen, Frost, Feuchtigkeit und Luftverschmutzungen. Gleichzeitig schränkte der exponierte Standort auch nachfolgende Reparaturmaßnahmen ein. Umfassende Restaurierungsarbeiten an der Figur fanden daher erstmals um 1871 bis 1875 statt, um die aufgrund galvanischer Prozesse stark korrodierte eiserne Verkleidung des Sockels gegen Kupferblech auszutauschen.

Nach weiteren Arbeiten im Jahr 1900 wurde der Herkules 1951 bis 1952 erneut restauriert. Risse und Einschusslöcher in der Kupferhaut waren auszubessern, und die korrodierten Eisenbänder, die zur Stabilisierung der filigranen Kupferbleche inwendig montiert waren, gegen neue Bänder mit einer schützenden Bleiummantelung auszutauschen. Die Fotografien aus dieser Zeit vermitteln eine Vorstellung davon, wie

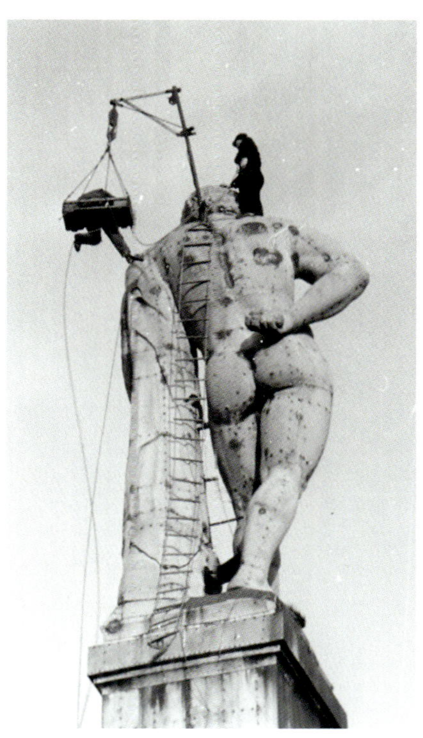

Restaurierung des Herkules, 1951/1952

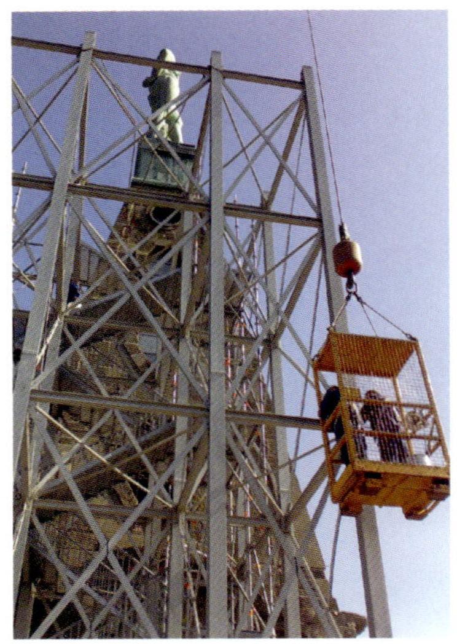

Besucherturm am Herkules, 2010

gewagt und abenteuerlich die Arbeiten damals abliefen! Denn die Maßnahme wurde unmittelbar nach Kriegsende, als Kassel noch in Schutt und Asche lag, unter großen Anstrengungen geleistet und bildete den Auftakt der zwanzigjährigen Grundinstandsetzung des Herkulesbauwerks. Die Restaurierung des Kasseler Wahrzeichens war so auch ein symbolischer Ansporn für den Wiederaufbau der Stadt.

2006 begann das Land Hessen erneut mit der Restaurierung der Herkulesfigur. Hierfür wurde ein stabiles Gerüst mit einem Besucherturm errichtet, von dem die Arbeiten aus nächster Nähe beobachtet werden konnten. Die Bevölkerung hatte über eine halbe Million Euro zur Wiederherstellung ihres Wahrzeichens gespendet. Die provisorisch anmutenden Flickstellen der 1950er Jahre wurden nun fachgerecht in traditioneller Technik erneuert und die inzwischen abermals verrosteten Eisenbänder durch dauerhafte Edelstahlbänder ausgetauscht. Außerdem bekam Herkules »Hosenträger«: Eine additive, reversible Rückverankerung in der Pyramide dient dazu, die Statue gegenüber den zunehmenden Windlasten präventiv zu stabilisieren.

Vorbilder und Nachfolger

1696 und 1717 wurden in kurzer Folge aufeinander mit San Carlo Borromeo und Herkules die beiden frühesten kupfergetriebenen, deutlich überlebensgroßen Monumentalstatuen der Neuzeit vollendet. Bei ihrer Herstellung ging man ein großes Wagnis ein, denn man konnte weder auf konstruktive Erfahrungen noch auf technische Vorbilder zurückgreifen. Gegenüber »San Carlone«, der über einem Zeitraum von rund 100 Jahren entstanden ist, zeichnet sich der Kasseler Herkules durch

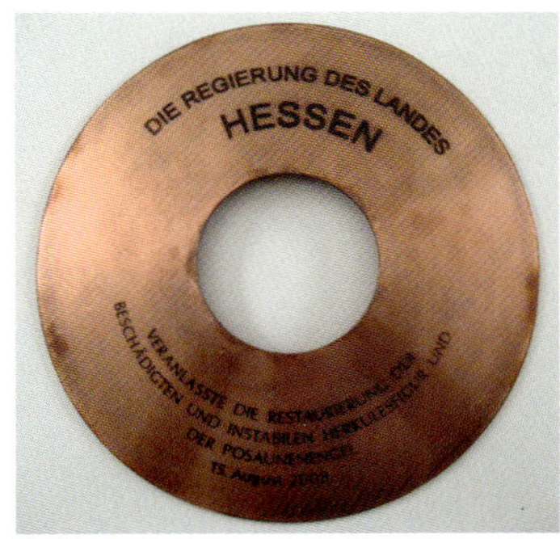

**Plakette zur Restaurierung des Herkules
2006–2008**

eine höhere künstlerische Ausdruckskraft, eine größere Detailgenauigkeit und Maßhaltigkeit sowie eine bessere Verarbeitungsqualität aus, die durch eine ausgeklügelte Planung und eine optimierte Vorfertigung zu erreichen waren.

Beide Statuen hatten keine unmittelbaren Nachfolger, sondern blieben für lange Zeit singuläre Erscheinungen. Nach einigen etwas kleineren Skulpturen wie etwa der Quadriga auf dem Brandenburger Tor entstanden erst wieder im 19. Jahrhundert deutlich überlebensgroße Monumentalstatuen aus getriebenem Kupfer, die es mit ihren frühen, vorindustriellen Vorgängern aufnehmen konnten. Am bekanntesten sind vielleicht der Hermann im Teutoburger Wald und die weltgrößte kupferne Statue, die 46 Meter hohe Freiheitsstatue in New York, die sich an der Figur des San Carlo Borromeo orientierte.

Während die späteren Statuen des 19. Jahrhunderts nationale Errungenschaften verkörpern sollten, dienten ihre barocken Vorgänger der Repräsentation fürstlichen Selbstverständnisses. Über den politischen Ehrgeiz des Landgrafen hinaus zeugt die Kasseler Statue symbolträchtig von der Innovationskraft der kleinen Landgrafschaft, von ihrer wirt-

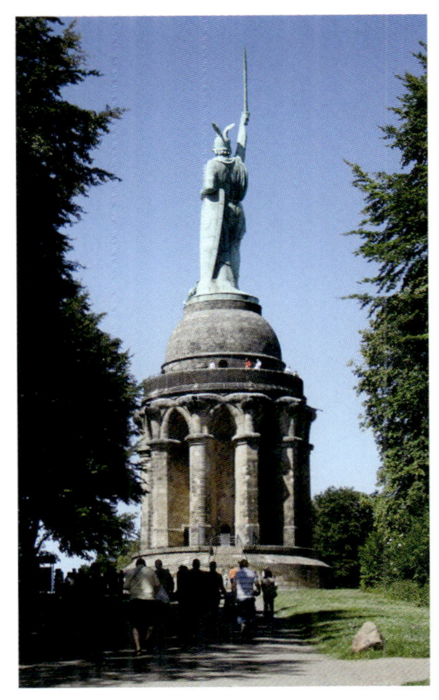

Hermannsdenkmal im Teutoburger Wald

schaftlichen, technischen und wissenschaftlichen Leistungsfähigkeit. Landgraf Carl hatte sich mit der Statue des antiken Tugendhelden, dem zuletzt Unsterblichkeit zuteilwurde, am »höchsten« Punkt über Kassel ein Denkmal für alle Ewigkeit setzen wollen. Das Konzept ging auf: Die qualitätvolle Ausführung der Metallarbeiten hat sich in den ersten 300 Jahren gut bewährt. Die originale Substanz und Konstruktion der Statue ist bis auf wenige Teile unverändert erhalten geblieben. So ist Herkules zum Wahrzeichen der Stadt und Region, zu einem historisch, kunsthistorisch und technisch einzigartigen Denkmal geworden, das im Juni 2013 durch die UNESCO als Weltkulturerbe anerkannt wurde.

Kupfergetriebene Monumentalstatuen

Die Technik des Kupfertreibens ist seit Jahrtausenden bekannt, fand jedoch für monumentale, also deutlich überlebensgroße Standbilder erst in der Neuzeit Anwendung. Nachfolgend sind die wichtigsten kupfergetriebenen Monumentalstatuen von mehrfacher Lebensgröße aufgelistet.

San Carlo Borromeo

Sacro Monte, Arona am Lago Maggiore (I), um 1598–1698

Urheber G. B. Crespi, gen. Cerano (Bildhauer),

S. Zanelli und B. Falcone (Ausführung)

Höhe der Figur 20,68 Meter

Herkules

Herkulesbauwerk, Bergpark Wilhelmshöhe in Kassel (D), 1713–1717

Urheber J. J. Anthoni und J. B. Klocke (Ausführung)

Höhe der Figur inkl. Sockel 11,30 Meter

Quadriga

Brandenburger Tor, Berlin (D), 1789–1794

Urheber J. G. Schadow (Bildhauer), Jury und Gericke (Ausführung)

Höhe der Figur ca. 5,30 Meter

Victoria

Waterloo-Säule, Hannover (D), 1825–1832

Urheber A. Hengst (Bildhauer), K. und F. Beckmann (Ausführung)

Höhe der Figur ca. 6,45 Meter

Hermann

Grotenburg bei Detmold (D), 1838–1875

Urheber E. und R. von Bandel (Bildhauer, Ausführung)

Höhe der Figur 16,06 Meter, inkl. Schwert 24,82 Meter

Vercingetorix

Alice-Sainte-Reine (F), 1865

Urheber A. Millet (Bildhauer), Monduit & Bechet (Ausführung)

Höhe der Figur ca. 7 Meter

Freiheitsstatue

Golden Door am Hafen von New York (USA), 1871–1884/1886

Urheber F.-A. Bartholdi (Bildhauer), A.-G. Eiffel (Ingenieur),

Gauthier & Gaget (Ausführung)

Höhe der Figur inkl. Fackel 46,08 Meter

Hermann

New Ulm (USA), 1881/1889–1897

Urheber A. Pelzer (Bildhauer), W. H. Mullins Manufacturing

Company (Ausführung)

Höhe der Figur ca. 7 Meter, inkl. Schwert 10,20 Meter

Rathausmann

Dresden (D), 1907–1908

Urheber R. Guhr (Bildhauer), Fa. F. H. Beeg (Ausführung)

Höhe der Figur 5,10 Meter

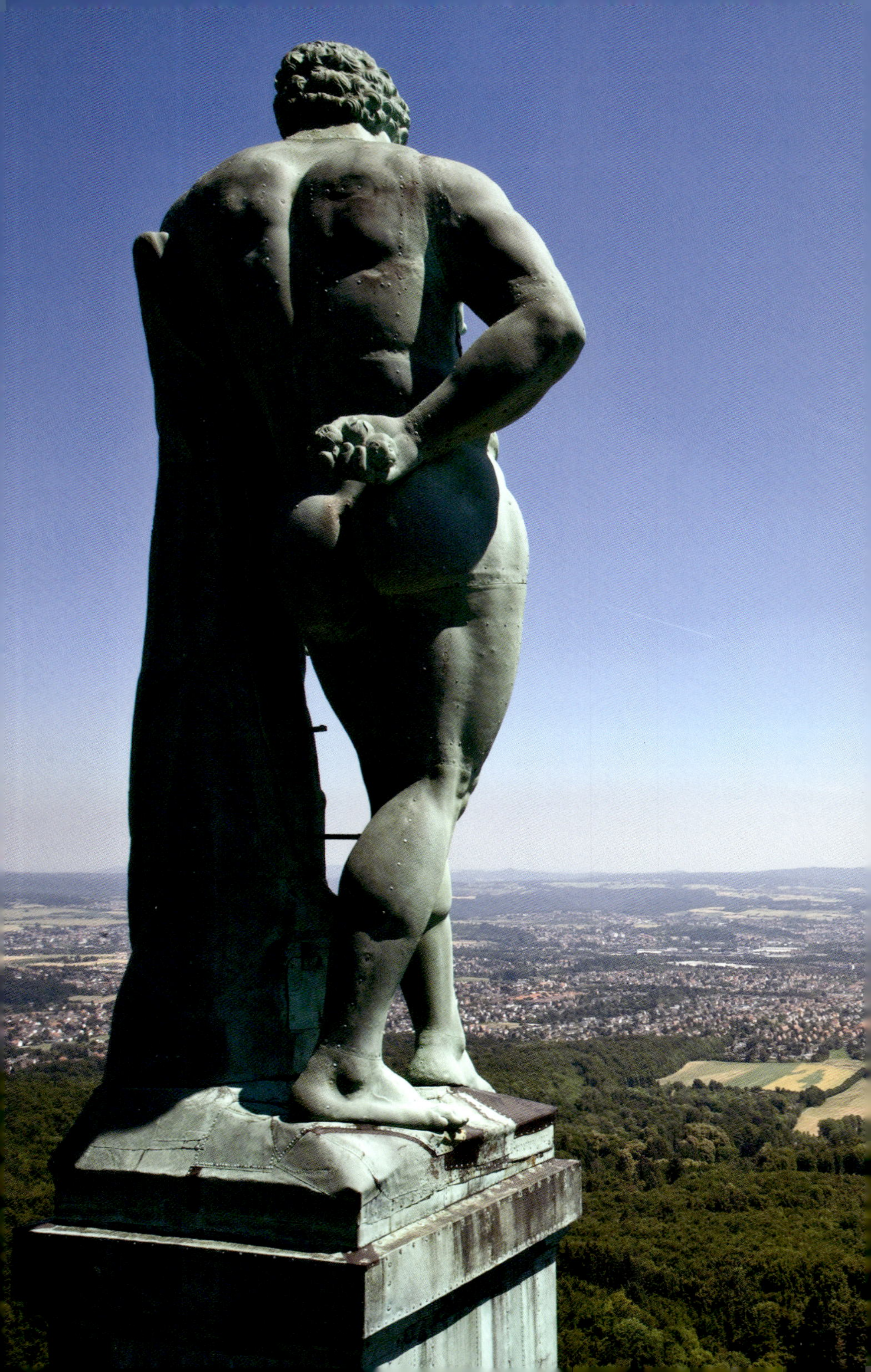

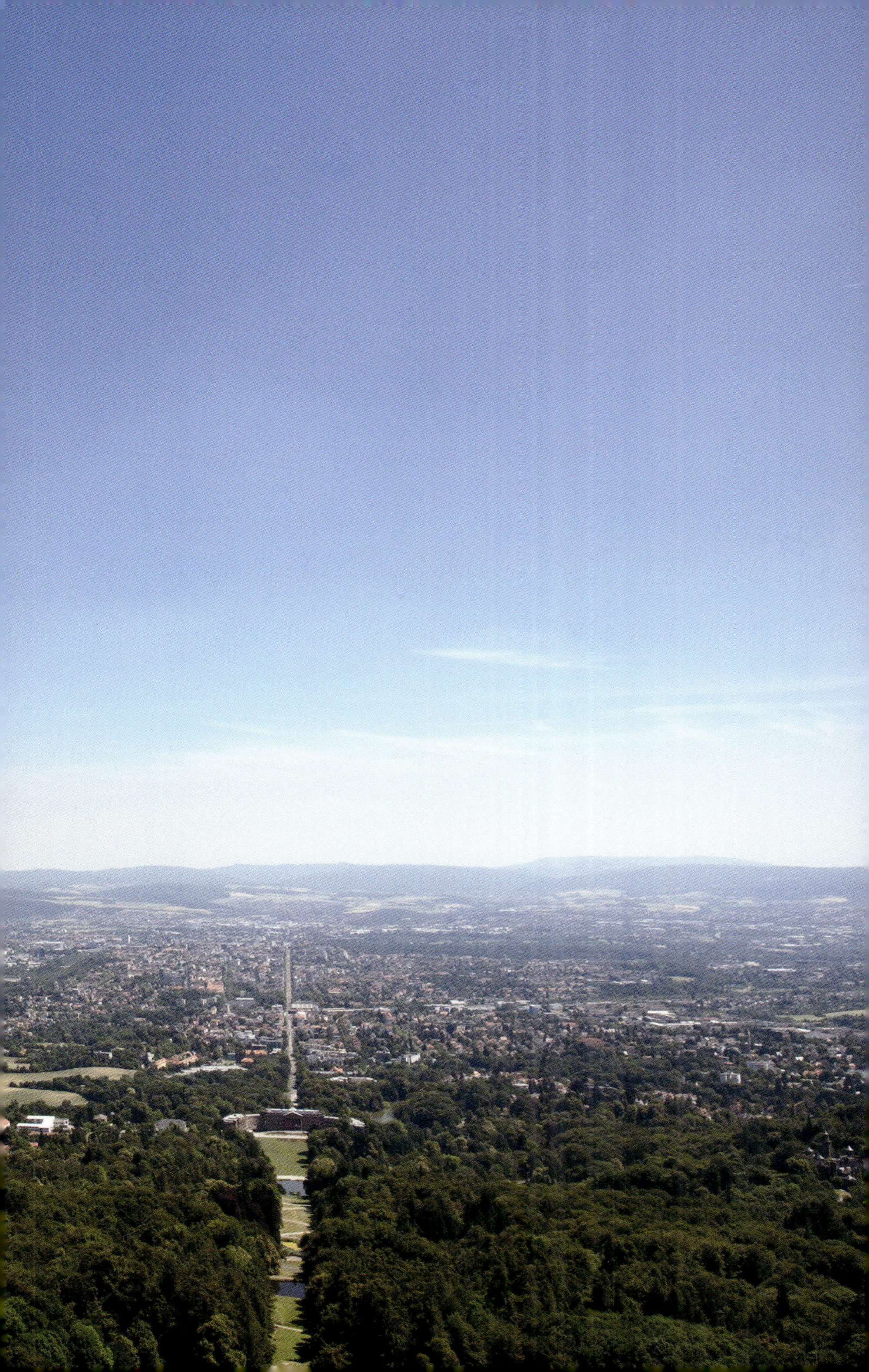

Der Kasseler Herkules im Kontext des Bildprogramms

Herkules bildet den bekrönenden als auch zeitlichen Abschluss des Gesamtprojekts am Carlsberg. Am 30. November 1717 wurde mit der Errichtung der Kupferfigur auch der barocke Teil des Bergparks Wilhelmshöhe, der unter Landgraf Carl entstand, fertiggestellt. Zur Ausstattung gehörten nicht nur die kolossale Herkulesfigur, sondern weitere Skulpturen, die Brunnen, Becken und Nischen schmückten, von denen aber nur wenige erhalten sind. Aufgrund dieser Umstände sowie fehlender Dokumente kann heute nur noch vermutet werden, ob ursprünglich ein aussagekräftiges Gesamtkonzept umgesetzt wurde. Ebenso birgt es Gefahren, Guernieros Stiche der »Delineatio Montis« oder die Prospekte des Hofmalers Jan van Nickelen mit einem damals verwirklichten Zustand zu vergleichen, da nicht nachweisbar ist, inwieweit die Pläne tatsächlich umgesetzt wurden.

Pyramide und Herkules

Noch heute sind neben dem Herkules zwei Figuren der Fama an der Pyramide des bekrönenden Bauwerks zu sehen. Für die beiden geflügelten Kupferfiguren konnte nachgewiesen werden, dass diese erst seit 1728 ihre Position am oberen Teil der Pyramide erhielten. Die ursprünglich aus Holz gefertigten Skulpturen sind nicht mehr erhalten, genauso wie der Rest des geplanten Bauschmucks, dessen Umsetzung nicht belegt ist. Der erste Prospekt von Jan van Nickelen ermöglicht eine denkbare Rekonstruktion. Danach hätten unterhalb der Famafiguren weitere Personifikationen von Tugenden sowie eine auf der Mittelachse stehende Büste des Landgrafen Carl angebracht werden sollen.

Der Begriff »Fama« stammt aus der römischen Mythologie. Hier bezeichnet er die Göttin des Ruhmes und des Gerüchtes. Daraus leitet sich auch die lateinische Übersetzung von »fama« ab, was Ruhm bedeutet. Die an der Pyramide angebrachten Figuren sind demnach Personifikationen des Ruhmes.

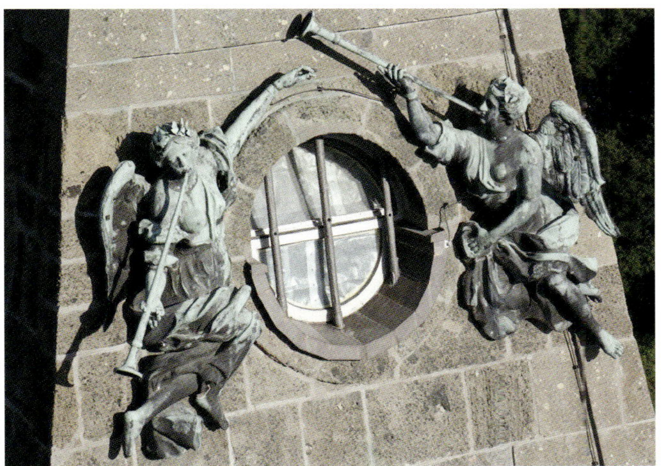

Die Figuren der Fama am oberen Teil der Pyramide

Diese figürlichen Darstellungen sollen den hessischen Landgrafen als gerechten, sieg- und ruhmreichen Herrscher symbolisieren. Da die antike Heldenfigur Herkules seit der Renaissance allgemein Tugendhaftigkeit symbolisierte, verbildlichte auch die Kupferstatue auf der Pyramide Carls herrscherliche Qualitäten. Allein die drei Äpfel, die Herkules in seiner rechten Hand im Rücken hält, spielen im Barock auf die Heldentugenden und die Überwindung von drei der sieben Sünden an: Die Beherrschung des Zorns (Ira), die Mäßigung des Geizes (Avaratia) und die Ablehnung der Wollust (Luxuria). Daneben werden die Früchte auch mit dem paradiesischen Zustand des Goldenen Zeitalters und der Gottwerdung assoziiert, da es sich bei dem Hesperidenabenteuer des Herkules – je nach Überlieferung – um die letzte Heldentat vor seiner Himmelfahrt handelt.

Oktogon

In der Forschung werden oft zwei Holzfiguren vorgestellt, die als Figurenschmuck des Oktogons gedient haben sollen und deren Identifizierung bisher noch aussteht. Sie werden u. a. als Minerva und Amphion bezeichnet oder aber als Länderpersonifikationen. Anhand der Quellen und im Vergleich zu den Prospekten Van Nickelens lässt sich keine

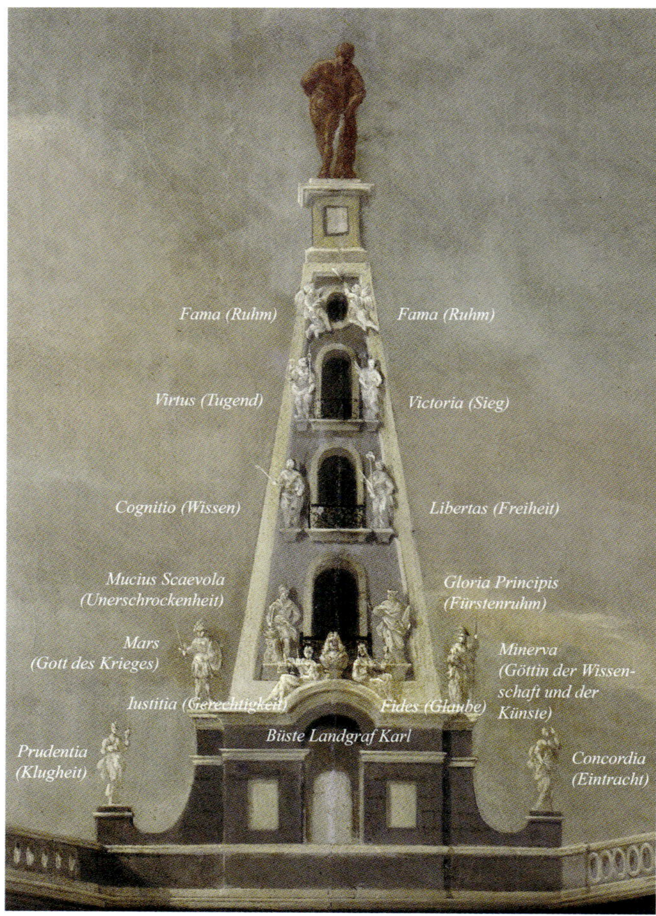

Jan van Nickelen zeigt in diesem Detail das geplante Skulpturenprogramm für die Pyramide. Davon umgesetzt wurden nur die beiden Figuren der Fama sowie der Herkules, der einst in einem Kupferrot erstrahlte.

genaue Bedeutung erschließen, und ebenso ist eine sichere Zugehörigkeit der beiden Holzskulpturen zum Oktogon nicht erwiesen. Daher werden sie für die Gesamtaussage des Skulpturenprogramms außer Acht gelassen.

Vexierwassergrotte

Von dem Skulpturenprogramm an der hufeisenförmigen Grottenanlage sind heute nur noch drei mythologische Gestalten zu sehen, bei denen es sich jedoch um Erneuerungen der ursprünglichen Figuren handelt: Der bocksbeinige Pan, der auf seiner Hirtenflöte spielt, in der Mitte; links von ihm die Allegorie des Neids (Eris) sowie rechts die der Zeit (Chronos) mit Stundenglas und Sense. Der ursprünglich in der Mitte der Grotte befindliche »Cyclops«, den Guerniero bereits in der ersten Ausgabe der »Delineatio Montis« von 1705 erwähnt, wird in der Literatur um 1800 als »dreyäugiger Polyphem« bezeichnet. Erst im 19. Jahrhundert wurde er durch die Panfigur ersetzt.

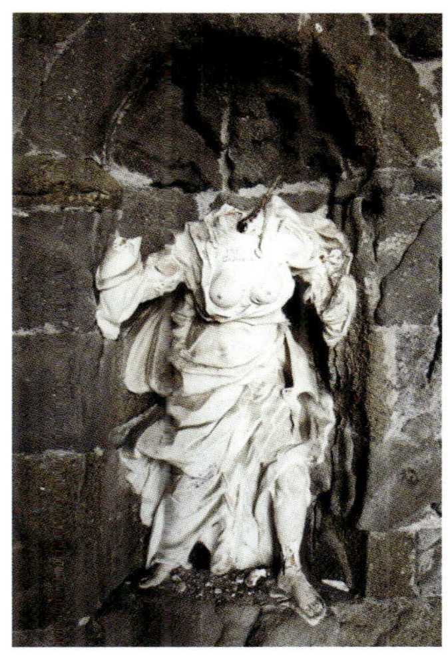

Die Figur des Neids, deren Kopf nicht mehr erhalten ist, befindet sich in der linken Nische der Vexierwassergrotte.

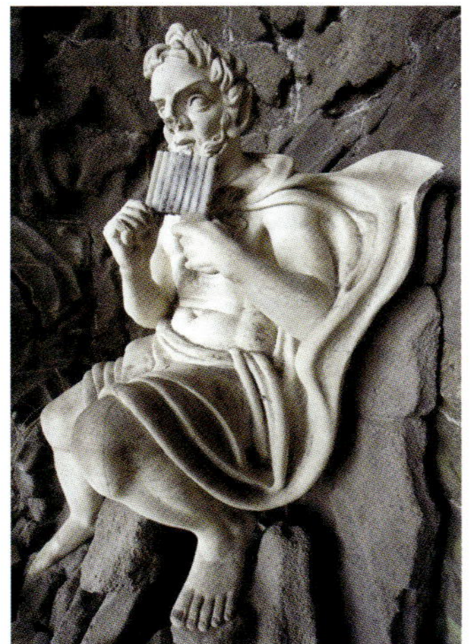

Die große Panfigur ersetzte eine Kyklopenstatue, bei der es sich möglicherweise um den Flöte spielenden Polyphem handelte.

Der Kyklop Polyphem

Kyklopen sind Gestalten aus der griechischen Mythologie, die durch ein Einzelauge auf der Stirn gekennzeichnet sind. Polyphem ist einer dieser Kyklopen, der in der antiken Kunst als einäugiger Riese dargestellt wird – im Mittelalter finden sich daneben auch Darstellungen mit drei Augen. Möglicherweise wurde auch der Polyphem an der Vexierwassergrotte mit drei Augen wiedergegeben, sodass die Bezeichnung als »dreyäugig« in der Reiseliteratur nicht verwundert. Möglicherweise hatte er aber auch seine »normalen« Augen geschlossen und ein drittes mittig auf der Stirn geöffnet.

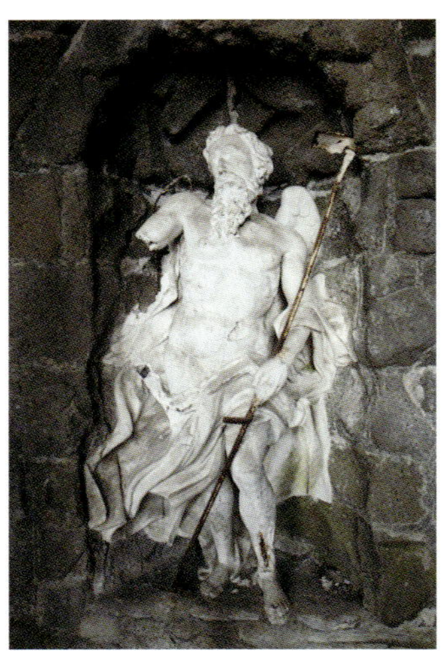

In der rechten Nische der Vexierwassergrotte zeigt sich Chronos, die Personifikation der Zeit.

Die mythologischen Gestalten, die nach den Quellen des frühen 19. Jahrhunderts ursprünglich um eine Allegorie der Liebe und eine der Hoffnung erweitert waren, folgen dem geläufigen Figurenrepertoire barocker Gartenanlagen und haben für die Gesamtaussage des Herkulesbauwerks nur wenig Gewicht.

Riesenkopfbecken

Auch am Riesenkopfbecken fehlen einige Skulpturen, sodass heute nur noch die drei erhaltenen Figuren als sicher zum ursprünglichen Programm gehörig gewertet werden können. Im zentralen Becken liegt der besiegte Gigant Enkelados, der unter den Felsmassen und aufgrund der Rückwitterung kaum noch zu erkennen ist. In den seitlichen Nischen befinden sich ein Faun und ein Kentaur, die auf ihren Flöten spielen. Zacharias Konrad von Uffenbach nennt in seinem Reisebericht von 1710 zwei weitere Figuren namentlich: Actaeon sowie Diana. Die um den zentralen Giganten angeordneten mythologischen Gestalten gehören durch ihren naturverbundenen Charakter zu einer allgemeinen Naturikonografie von Garten- und Kaskadenanlagen.

Die Darstellung des Enkelados unter den Felsbrocken wird mit dem Mythos der Gigantomachie

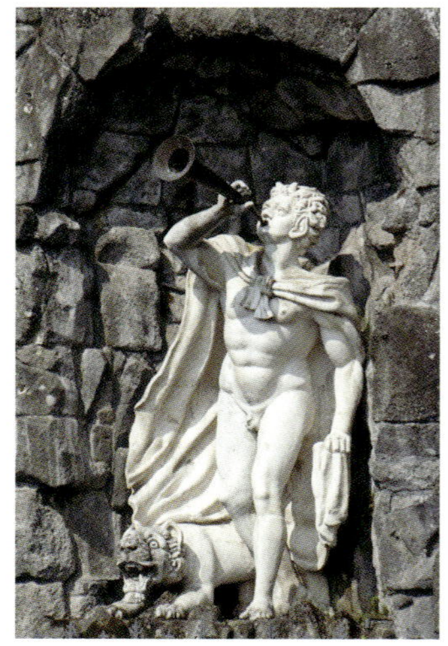

Die Figur des Faun ist an seinen spitz zulaufenden Ohren und seinen Bockshörnern zu erkennen. Er steht in der linken Nische des Riesenkopfbeckens.

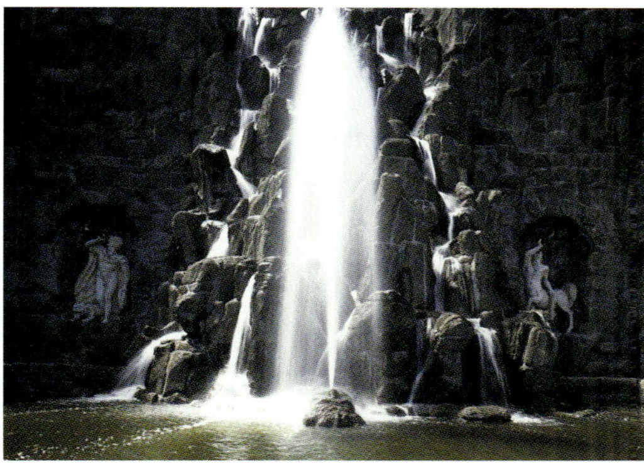

Das Riesenkopfbecken wurde nach dem liegenden und Wasser speienden Giganten Enkelados benannt. Heute ist sein Kopf nur noch schwer zu erkennen.

in Verbindung gebracht (vgl. Kap. »Der antike Herkules«). Im Kampf wirft Athena die Insel Sizilien oder den Vulkan Ätna auf den Riesen und begräbt ihn darunter, wobei er in Kassel einen letzten Wasserstrahl in Richtung des Oktogons speit. Da diese Darstellung bereits in den frühen Entwürfen – also ohne die bekrönende Kupferstatue – geplant war, hat wohl der Gigant ursprünglich nicht Herkules, sondern den olympischen Göttern den Wasserstrahl entgegen gespien.

Neptungrotte

Aus den Beschreibungen um 1800 geht hervor, dass in den drei Nischen der Neptungrotte nicht nur der Meeresgott mit seinem Dreizack sitzt, sondern dass Statuen anderer Meergottheiten und Nymphen die seitlichen Wandvertiefungen zierten. Dabei bediente man sich des üblichen Skulpturenrepertoires für Wasseranlagen.

In der rechten Nische des Riesenkopfbeckens befindet sich ein Mischwesen aus Pferd und Mensch, ein Kentaur.

Gesamtkonzept

Die Ikonografie der Skulpturen im barocken Teil des heutigen Bergparks Wilhelmshöhe folgte, anders als des Öfteren dargelegt, keinem
ausgeklügelten Konzept. Vielmehr zeigt der Großteil der Figuren eine
Bilderwelt, die allgemein für Garten- und Kaskadenanlagen im Barock
genutzt wurde. So verwundern weder die Meerwesen in Verbindung

Übertragung der antiken Mythologie auf das Bauprogramm

Das Galeriegeschoss des Oktogons, das von einem exakten und regelmäßigen Mau-
erwerk gebildet wird, verdeutlicht den Sitz der Götter auf dem Olymp. Die grottenar-
tige Felsengestaltung der darunter liegenden Vexierwassergrotte bildet das Erdreich
der Titanen und Giganten. Die Kaskaden führen im Element des Wassers hinab zum
Neptunbassin mit der Neptungrotte, deren Namen sich vom antiken Meeresgott ab-
leiten. Eine spätere Hinzufügung aus den Jahren 1766 bis 1768 bildet die Plutogrotte,
die in barocker Manier die Unterwelt und das Totenreich darstellt.

mit den Wasserkünsten noch die Mischwesen der wilden Natur in
den Grottenanlagen. Und selbst die Figur des Enkelados findet sich in
anderen Gartenanlagen wieder, in denen er aber weder den Olympiern
noch Herkules einen Wasserstrahl entgegen speit.

Überträgt man hingegen den Gigantenmythos auf die historischen
Gegebenheiten der Entstehungszeit, erkennt man eine weitere mög-
liche Aussage: Landgraf Carl hatte indirekt dazu beigetragen, dass im
April 1713 Frieden im Spanischen Erbfolgekrieg geschlossen werden
konnte. Er hatte die gegen Frankreich führende Koalition mit seinen
Truppen unterstützt. Wie Herkules den Olympiern im Kampf gegen die
Giganten geholfen hatte, so hatte Carl seinen Kaiser unterstützt und
seinen Anteil zum anschließenden Frieden beigetragen. Somit nutzte
er das Monument und seine Skulpturenausstattung möglicherweise
als Instrument der Selbstinszenierung. Inwieweit diese Aussage tatsächlich vermittelt werden sollte und konnte, bleibt offen. Uffenbach
beschreibt nur die bekannte griechische Geschichte in seinem Bericht
– als eine allegorische Übertragung auf Landgraf Carl scheint er den
Enkelados-Mythos nicht verstanden zu haben.

Herkules im Spiegel der hessischen Landgrafen

Noch heute kann anhand zahlreicher Stücke – vor allem aus cen verschiedenen Sammlungen der Museumslandschaft Hessen Kassel – nachvollzogen werden, wie die Figur des Herkules in der Repräsentationskunst der hessischen Landgrafen eingesetzt wurde. Denn die Kupferstatue auf der Pyramide im heutigen Bergpark Wilhelmshöhe ist nicht das einzige Objekt, das mit dem antiken Tugendhelden in Verbindung gebracht werden kann. Damit steht die Landgrafschaft Hessen-Kassel in einer Tradition mit anderen Fürstenhäusern, die ebenfalls Herkules als ihr repräsentatives Leitbild wählten (vgl. Kap. »Herkules, ein Bild der Herrscher«). Vor allem unter Landgraf Carl von Hessen-Kassel scheint der Held als Symbol von Tugendhaftigkeit eine wichtige Rolle gespielt zu haben – daneben fallen in Kassel aber auch Darstellungen von Herkules gemeinsam mit der Göttin Minerva auf.

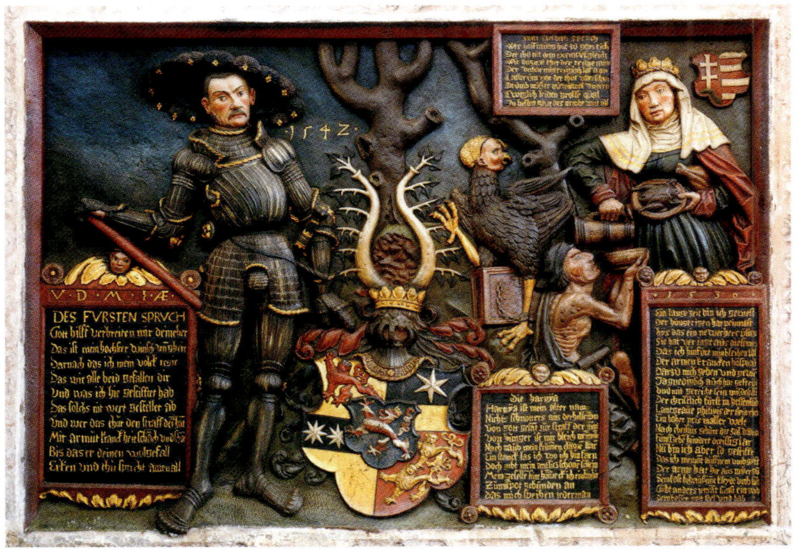

Der Philippstein zeigt den Landgrafen zusammen mit seiner Ahnin, der heiligen Elisabeth von Thüringen. Zwischen ihnen ist eine Harpyie, die das habgierige Mönchtum symbolisiert.

Der Philippstein in Haina – nach Philipp I. dem Großmütigen (1504–1567) benannt – wurde 1542 von Philip Soldan geschaffen und bildet eines der frühesten bekannten Zeugnisse, die einen hessischen Landgrafen mit dem griechischen Heros in Beziehung setzen. Trotz des reich bebilderten Denkmals findet sich kein ikonografischer Hinweis auf Herkules. Erst der Text gibt Aufschluss darüber und lässt sich

Die hessische Dynastie ab Landgraf Philipp I.

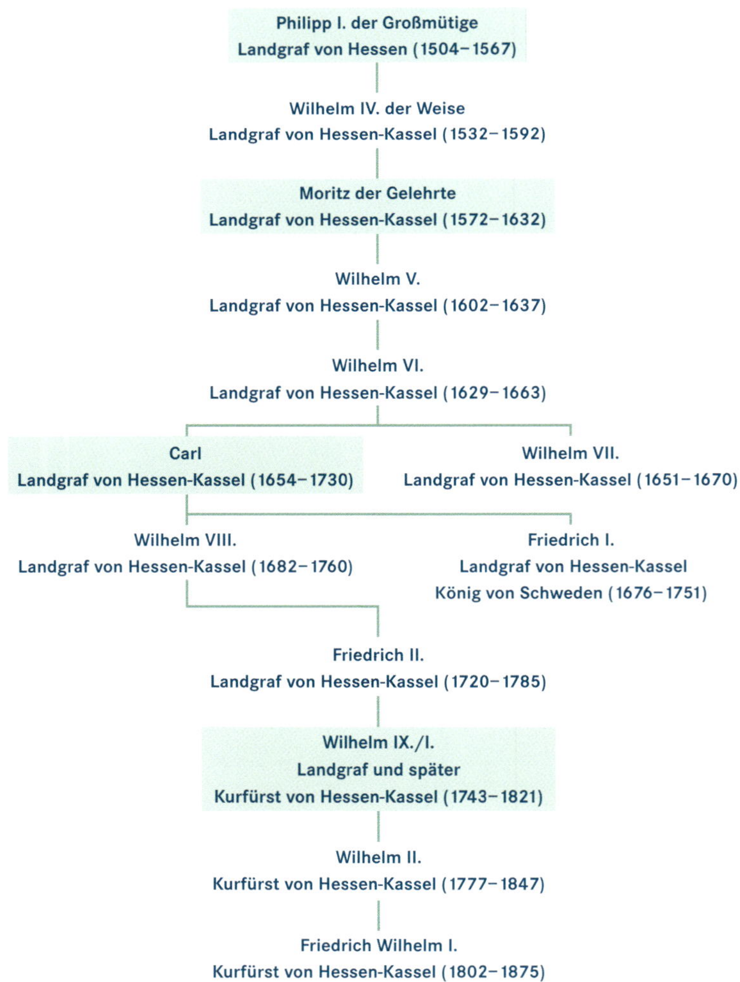

Klosterspruch auf dem Philippstein

»1530 - Ein lange Zeit bin ich gewest / Der hungrigen Harpyen Nest / Bis daß ein neuer Hercules / Sie hat verjagt aus diesem Nest / Daß ich hinfort nun bleiben soll / Der armen kranken Hospital / Dazu mich geben und geweiht / Ja, gnädiglich auch hat gefreit / Und mir gereicht sein milde Hand / Der christlich Fürst in Hessenland / Landgraf Philipp der teure Held / Ein hoher Preis in aller Welt / Nach Christus Geburt die Zahl da war / Fünfzehnhundertdreißig Jahr / Nun bin ich aber so gestift / Daß ich niemand aufnehm um gift / Der Arme hat hier aus milder Gunst / Sein Kost, Behausung / Kleid umsonst / Gibt anders jemand sonst ein Gab / Dem besser Gott Seel und Hab.«

im historischen Kontext der Reformation deuten. So veranlasste der protestantische Philipp die Auflösung vieler katholischer hessischer Klöster, u. a. auch die des zwischen Kassel und Marburg gelegenen Zisterzienserinnenklosters in Haina. Daraufhin gründete er dort ein Hospital für Männer, woran der Gedenkstein noch heute erinnert. Interessant ist nicht nur die Ich-Erzählform aus Sicht des Gebäudes, sondern auch, dass die Harpyien – geflügelte Mischwesen aus der griechischen Mythologie – das habgierige Mönchtum verkörpern, die dank eines neuen Herkules, nämlich Philipp, vertrieben werden konnten.

Neben dem Philippstein wurde auch in anderen Medien in Philipps Regierungszeit auf Herkules Bezug genommen. So ist ein Herkules-Gemälde aus dem Ziegenhainer Schloss überliefert, und auch Philipps Grabmal in der Kasseler Martinskirche zeigt wohl den Helden – hier in der Funktion einer Figurenstütze.

Ebenso ist die Herkulesfigur ein wiederkehrendes Motiv in der repräsentativen Kunst unter Landgraf Moritz dem Gelehrten. Er erwarb wahrscheinlich nicht nur mehrere Kunstobjekte mit Herkules-Darstellungen für seine Kunstkammer, sondern auch das als Audienzraum genutzte »Hercules-Gemach« sowie die mit einem Himmelbett versehene »Hercules-Cammer« im Landgrafenschloss wurden nach

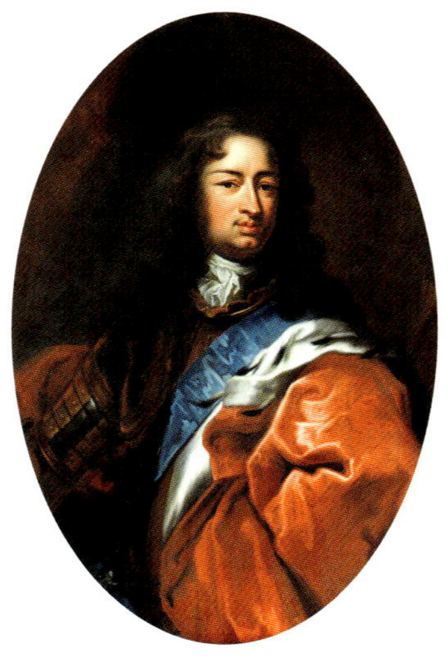

Porträt des Landgrafen Carl von Hessen-Kassel

dem antiken Helden benannt, weshalb eine entsprechende Ausgestaltung der Räume naheliegt.

Erst unter dem von der Antike begeistertem Landgrafen Carl wurde die Figur des Herkules zum festen Bestandteil seiner Herrschaftsikonografie. Das früheste Zeugnis aus seiner Regierungszeit bildet die Rheinfelsmedaille, die der Landgraf 1693 aufgrund der erfolgreichen Verteidigung der Festung Rheinfels gegen die Belagerung der französischen Armee Ludwigs XIV. während des Pfälzischen Erbfolgekriegs prägen ließ. Auf der Rückseite entwarf der Stempelschneider ein einprägsames Bild, das den hessischen Triumph symbolisiert: Der Flussgott Rhenus lagert zwischen zwei korinthischen Säulen, die von einem Schriftband mit der Aufschrift »HABET ET GERMANIA METAS« (Auch Deutschland hat Grenzen) umflattert werden. Das Motiv in Kombination mit den Säulenaufschriften »NON« und »ULTRA« (nicht weiter) erinnert an die Säulen des Herkules, die er bei Gibraltar aufgestellt

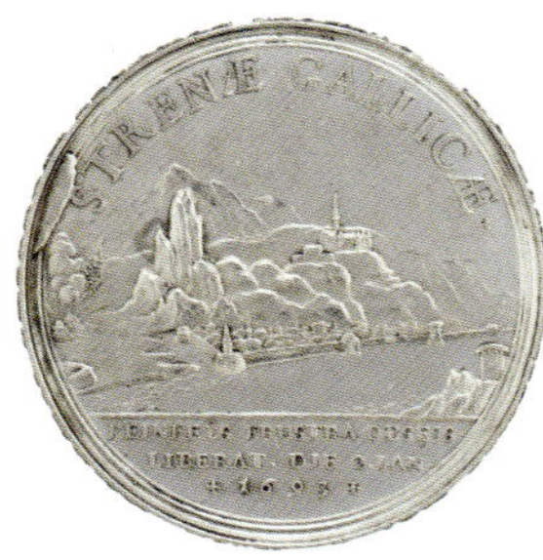

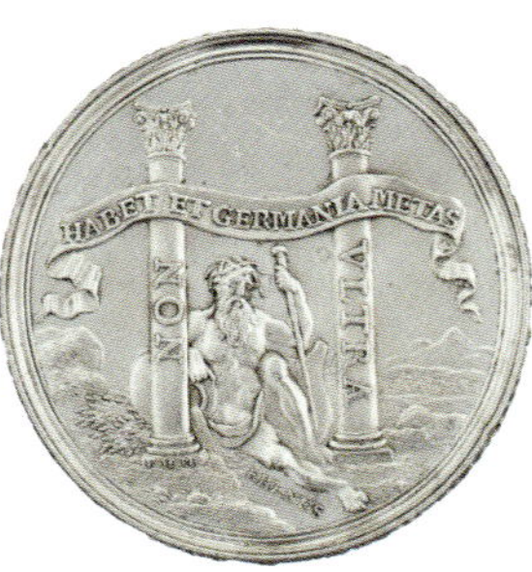

Die Vorderseite der Medaille (links) zeigt den Rhein und St. Goarshausen mit der Festung Rheinfels. Die Inschrift feiert die Verteidigung der Festung durch die hessischen Truppen.

haben soll, um das Ende der Welt zu markieren. Und so markierte Carl die deutschen Grenzen.

Eine Besonderheit in der Kasseler Bildkunst stellt die häufige Kombination der beiden Gottheiten Herkules und Minerva dar. Auf den Titelblättern der »Delineatio Montis« des Hofarchitekten Guerniero werden sie ebenso gemeinsam gezeigt wie als Aufsatzfiguren des Holzgehäuses für die Große Planetenlaufuhr, wo sie neben Religio und einer weiteren weiblichen Allegorie den berittenen Landgrafen Carl rahmen.

Eine Medaille von Pomponius Köhler aus dem Jahr 1714 vereint die beiden Götter mit Saturn vor dem Carlsberg.

Die Säulen des Herkules...

... meinten in der Antike die beiden Berge seitlich der Meerenge zwischen Gibraltar und Nordafrika. Herkules habe sie dort aufgestellt, um das Ende der Welt zu markieren. Ein Schriftband habe eine Inschrift getragen, die im Lateinischen »non plus ultra« lautete und im Deutschen »nicht darüber hinaus« übersetzt wird. Die lateinische Version sowie die Darstellung zweier Säulen fanden Eingang in das spanische Wappen.

Die Hintergrundgestaltung rezipiert damit die in der »Delineatio Montis« von 1705 dargestellte Gesamtansicht der Kasseler Gartenanlage, wobei der Stempelschneider bereits die bekrönende Herkulesfigur ergänzt hat. Die zum ersten Mal 1714 laufenden Wasserspiele waren wohl Anlass für die Prägung. Die mythologischen Figuren im Vorder-

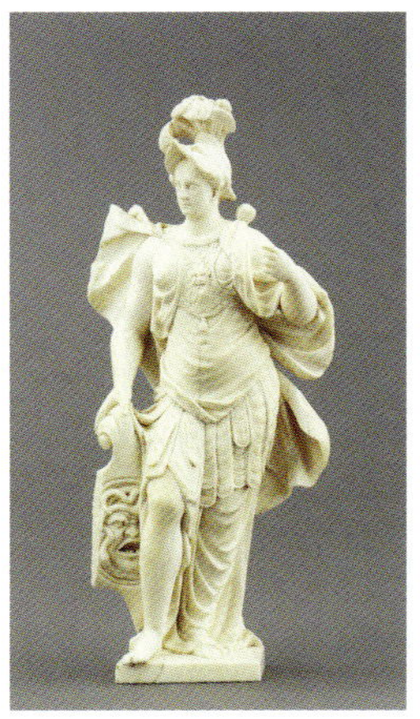
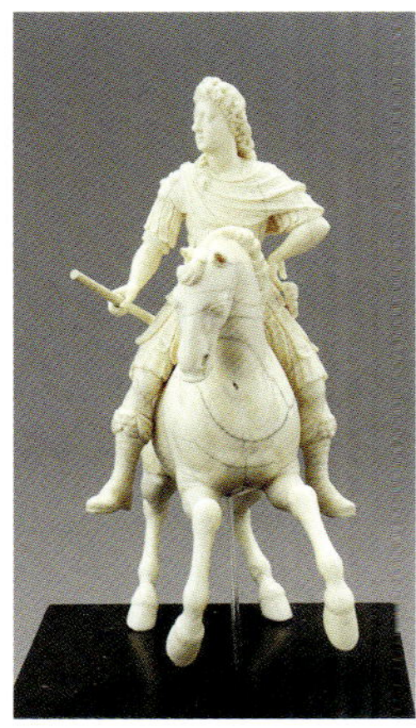
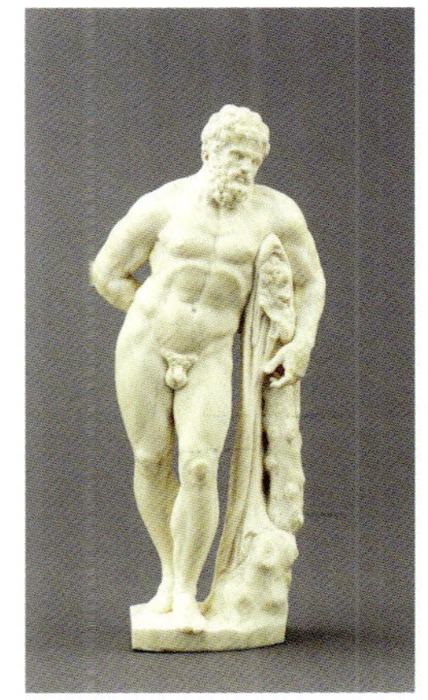

Diese nur etwa 20 cm hohen Elfenbeinfiguren zierten einst das Holzgehäuse der Großen Planetenlaufuhr.

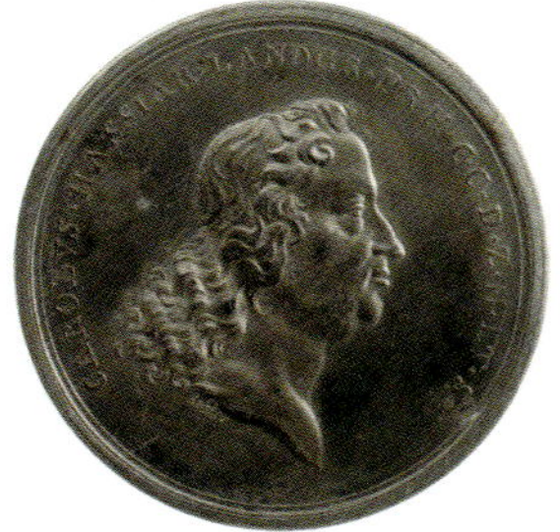 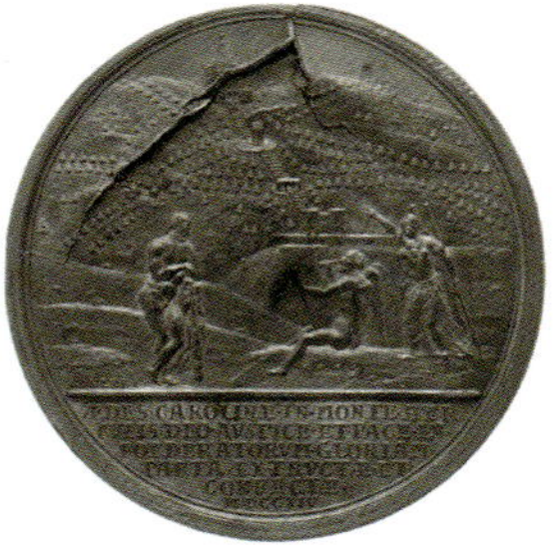

Die Vorderseite der Medaille (links) von Pomponius Köhler zeigt das Porträt des Landgrafen Carl nach rechts blickend.

grund scheinen die Bau- und Wasserkünste zum Ruhm des umseitig porträtierten Landgrafen Carl kommentieren zu wollen. Herkules lehnt sich lässig mit gekreuzten Beinen auf seine Keule, wobei Minerva energisch zum Carlsberg hinaufzeigt, als wolle sie dem sitzenden Saturn die Herrlichkeit des Bauwerks demonstrieren. Dieser galt als Symbol des Goldenen Zeitalters und der Ewigkeit. Seinem Charakter entsprechend schreibt er auf eine Tafel das Wort »posteritati« (für die Nachwelt), um so den fürstlichen Nachruhm zu bewahren. Die lateinische Inschrift im unteren Abschnitt verweist auf das Ende des Spanischen Erbfolgekriegs, wodurch Carls Gesamtkunstwerk von Gartenanlage und Herkulesbauwerk nicht nur als Ruhmesmonument, sondern auch als Symbol für den im gesamten Reich wiedererlangten Frieden zu verstehen ist.

Auch nach der Errichtung der Kupferstatue auf der Pyramide nahmen Herkules sowie die barocke Gesamtanlage weiterhin einen hohen Stellenwert in der Kunst unter Landgraf Carl ein. So schuf der Hofmaler Jan van Nickelen ab 1716 eine Prospektserie, die die Wasserkünste in ihrem geplanten Zustand wiedergibt, und von seinem Sohn Rymer van

Übersetzung der lateinischen Inschrift auf der Rückseite der Medaille von Pomponius Köhler:

Das carolinische Haus auf dem Berg des Herkules. Mit Gottes Geleit, nachdem der Friede für den Ruhm der Verbündeten erlangt war. Errichtet und vollendet 1714.

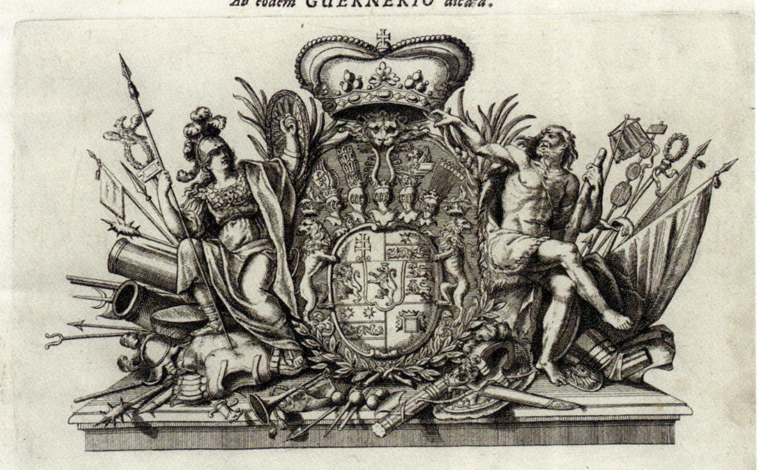

Das Titelblatt der 1705 publizierten »Delineatio Montis« zeigt Herkules mit Keule und Löwenfell sowie Minerva, die mit Lanze, Schild und Helm gerüstet ist.

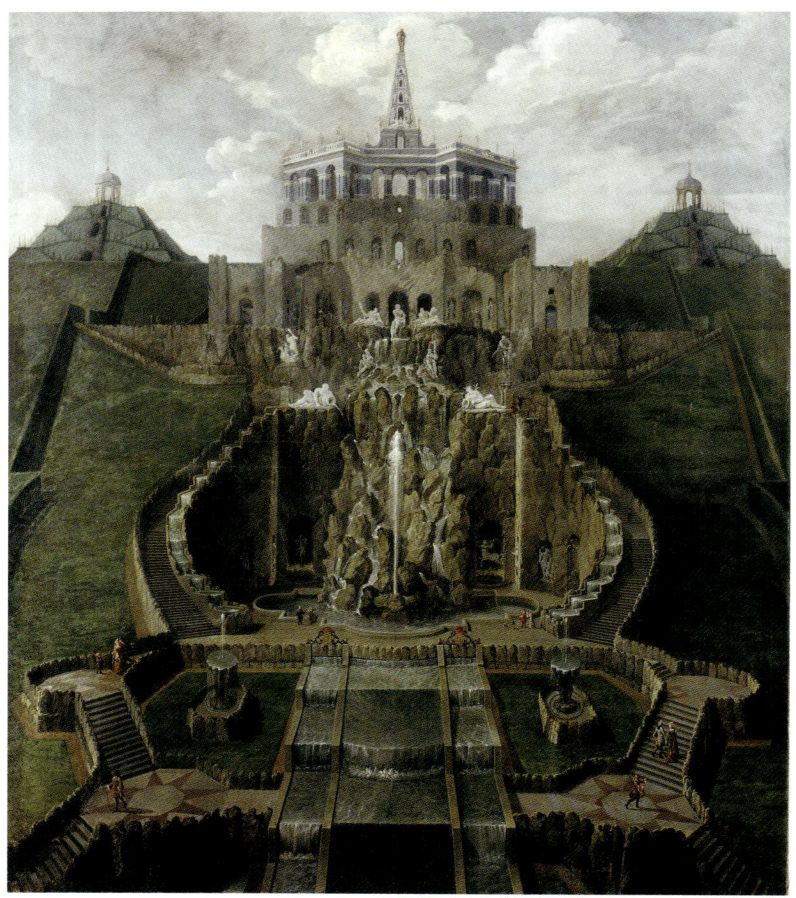

Jan van Nickelen malte nicht den Carlsberg, sondern er nutzte ein riesiges Modell des geplanten Bauprojektes, das in einem eigens dafür geschaffenen Gebäude aufgestellt war. Nur so konnte er die spektakulären Ansichten des Projektes verwirklichen.

Nickelen fertiggestellt wurde. Auf einem Elfenbeinrelief Jacob Dobbermanns von 1726 treten Herkules und Minerva erneut als repräsentative Figuren auf.

Friedrich I., Carls Sohn und König von Schweden, ließ anlässlich seines Besuchs in Kassel und der Besichtigung des Herkulesbauwerks im Jahr 1731 eine Medaille prägen, die seinen Vater auf der einen Seite

und den oberen Abschnitt der Wasserkünste mit bekrönendem Herkules auf der
anderen Seite zeigt.

Landgraf Friedrich II. fand wie sein Großvater Carl Gefallen an Herkules, was ihn 1777
dazu veranlasste, eine bronzene Statuette
im Typus Herkules Farnese aus Rom mit-
zubringen. Außerdem huldigte er Carl und
stärkte durch verschiedene Darstellungen die Verbindung des Kasseler Herkules zu seinem einstigen Auftraggeber.

Auch eine der Darstellungen in der »Sammlung kurhessischer Landes-
Ordnungen«, die zu Beginn eines Kapitels die jeweiligen Landgrafen
darstellen, zeigt Carl vor seinem Bauprojekt und der Herkulesstatue.
Diese Symbiose unterstrich Friedrich II. und ehrte somit postum seinen Großvater.

Dass die Wasserspiele mit dem bekrönenden Herkules weiterhin
ein Ruhmesmonument der hessischen Landgrafen darstellten, verdeutlicht auch ein Marmorrelief, das gegenüber dem Sarkophag des
Landgrafen Wilhelm IX. in der Löwenburg eingelassen wurde und nicht
öffentlich zugänglich ist. Um 1800 stellte Johann Christian Ruhl hier
Wilhelms Eingang ins Elysium dar. Vor allerlei Waffen und neben dem
hessischen Löwen sitzt Hassia, die Verkörperung Hessens. Die Bild-
mitte dominiert der gerüstete Wilhelm IX., der von einem Engel zur

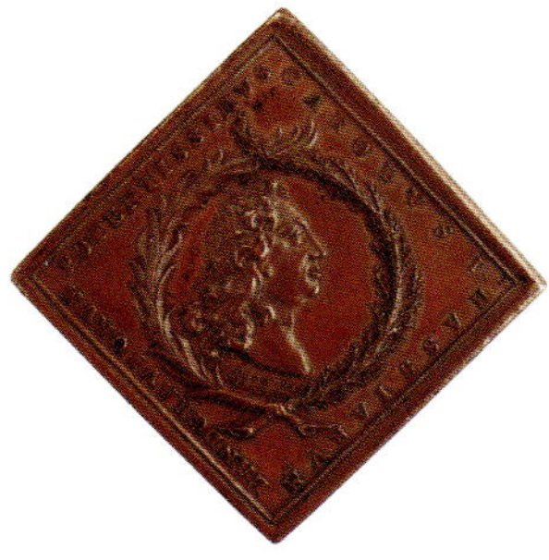
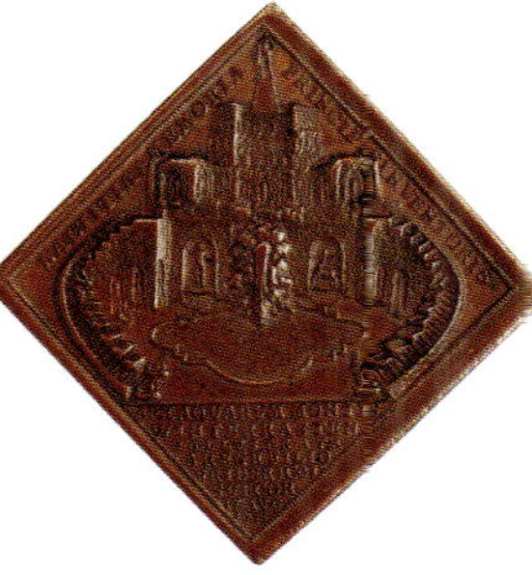

Medaille auf den Regierungsantritt Friedrichs I. von Hessen-Kassel mit der Besichtigung des Bergparks und der Kaskaden am 17. August 1731

anderen Bildhälfte begleitet wird. Ein Knabe – wohl sein frühverstorbener Sohn – und eine ältere Frau – seine Mutter – betrachten das Geschehen. Am linken Bildrand wartet Wilhelms Urgroßvater, Landgraf Carl, auf ihn. Die drei Engel und der Strahlenkranz im Hintergrund Carls vermitteln die himmlische Sphäre. Erst bei genauem Betrachten des Reliefs erkennt man den Schauplatz des Geschehens, der sich im flachen Relief hinter Landgraf Wilhelm abzeichnet: Hier sieht man nicht nur die unter seiner Regentschaft gebaute Löwenburg, sondern auch das Erbe Carls, nämlich den Carlsberg mit den Wasserspielen, dem Oktogon mit Pyramide und bekrönendem Herkules. Obwohl der antike Held keinen zentralen Stellenwert für die Repräsentation mehr darstellte, so griff Wilhelm IX. dennoch auf das Gesamtkunstwerk Carls zurück und stellte sich in eine Linie mit seinem Vorfahren, der Großartiges leistete.

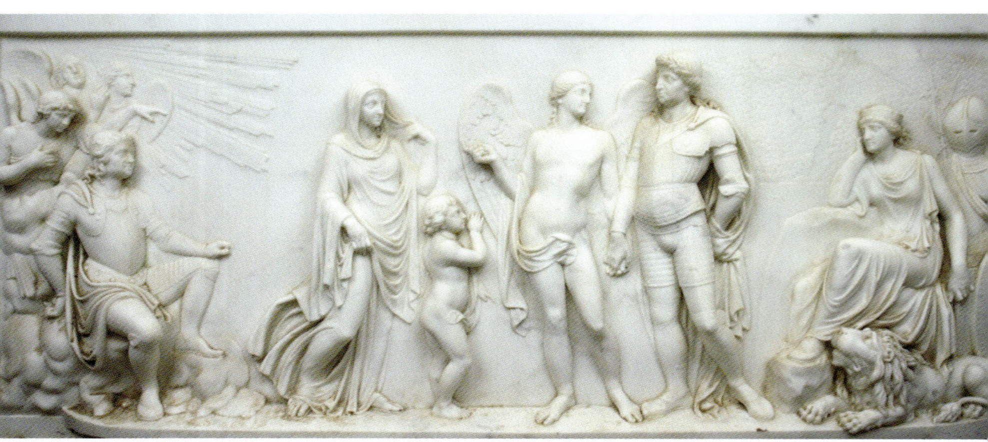

Johann Christian Ruhl zeigt den Eingang Wilhelms IX. ins Elysium. Das Marmorrelief entstand um 1800, also noch zu Lebzeiten des Landgrafen. Es ist über zwei Meter lang und etwa 80 cm hoch.

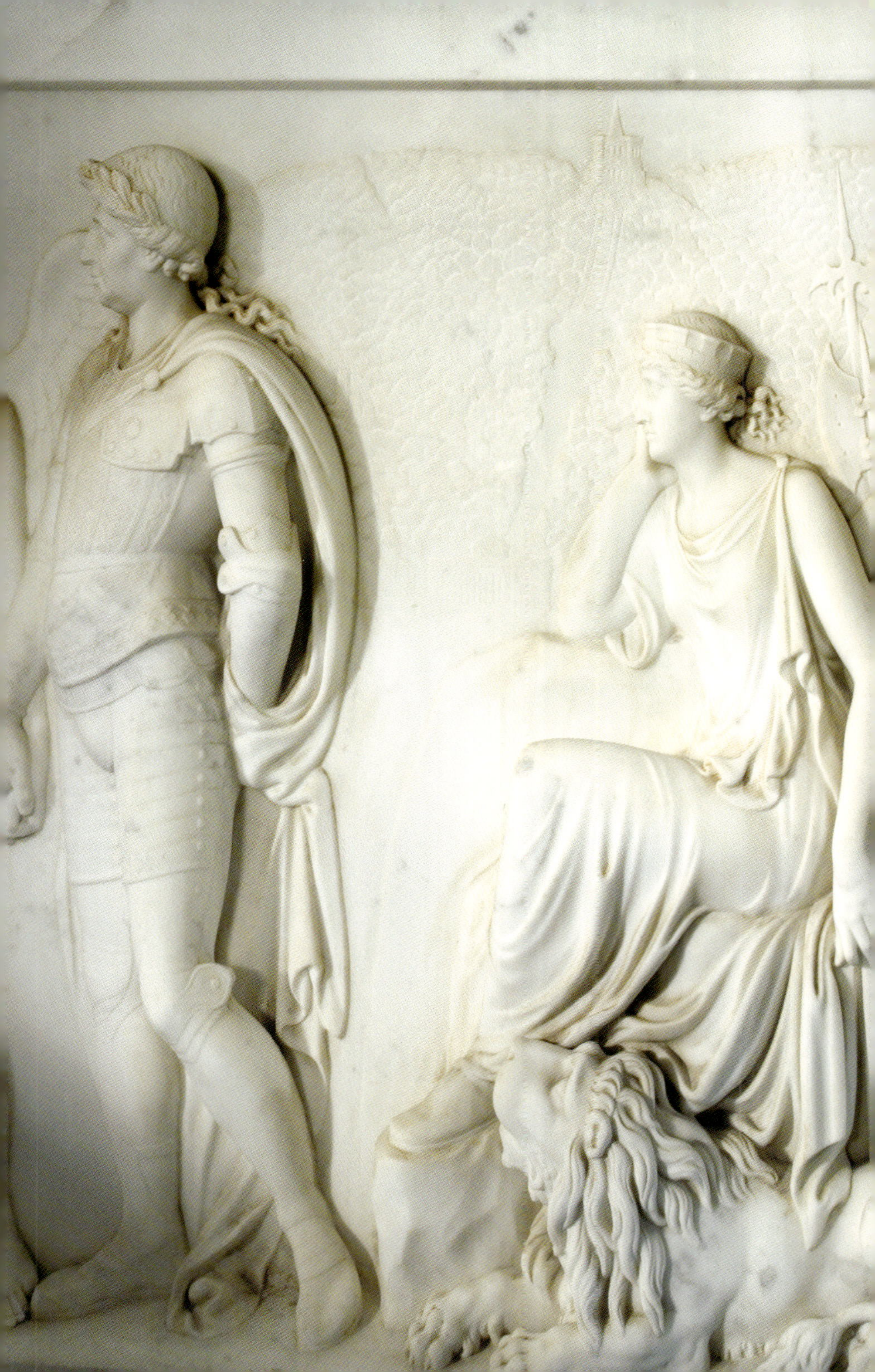

Herkules, ein Ideal für Herrscher

Wie schon in den vorangegangenen Kapiteln angedeutet, war Landgraf
Carl von Hessen-Kassel nicht der einzige Herrscher, der den antiken
Helden als Symbol seiner Macht und wiederkehrendes Motiv in der
Repräsentationskunst nutzte. Vielmehr stehen die Kasseler Landgra-
fen in einer weitreichenden Tradition, die ihren Ursprung bereits in der
Antike hat.

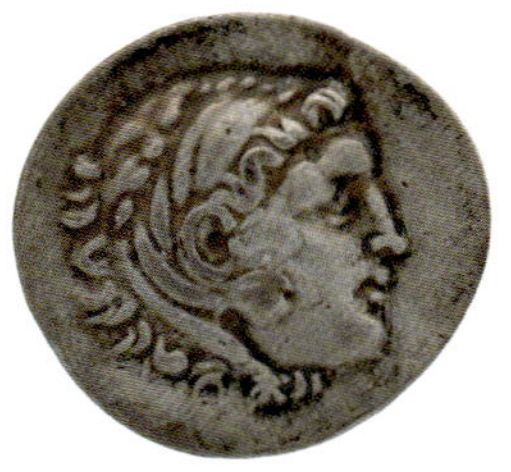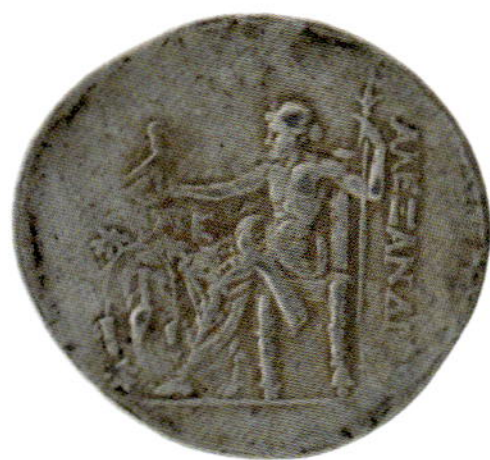

Diese silberne Tetradrachme aus der Kasseler Antikensammlung zeigt auf der Vorderseite den Kopf des Herakles mit dem Löwenfell. Die Rückseite bildet den thronenden Zeus ab, wobei die Inschrift Alexander nennt.

Nachdem Herakles als Vorbild der griechischen Philosophen galt,
wurde er dies auch für die Herrscher. Die 10. Rede des Isokrates
(5. Jh. v. Chr.) richtete sich an Philipp von Makedonien und rief dazu
auf, Herakles' Vorbildlichkeit nachzuahmen. Philipps Sohn, Alexander
der Große, der Griechenland vereinte und Asien eroberte, folgte diesem Aufruf und führte seinen Stammbaum auf Herakles zurück. Die
Münzen, die unter seiner Regierung geprägt wurden, zeigen auf der
Vorderseite eine Heraklesbüste, die spätestens nach Alexanders Tod
sogar dessen Gesichtszüge annimmt.

Die nachfolgenden hellenistischen Könige taten es Alexander dem
Großen gleich und stellten sich in eine genealogische Reihe mit Hera-
kles. Und auch im römischen Kulturkreis finden sich Kaiser, die sich
entweder gemeinsam mit Herkules oder als er selbst darstellen ließen.
Ein prägnantes Beispiel ist der römische Kaiser Commodus, der in den
Jahren von 180 bis 192 n. Chr. regierte und die Herkules-Imitation
auf die Spitze trieb. Erstmals wurde ein römischer Kaiser auf einer
Reichsprägung mit dem Löwenfell des Herkules dargestellt, wovon

auch eine Münze aus der Kasseler Antikensammlung zeugt. Neben postumen Quellen, die Commodus als Wahnsinnigen beschreiben, der sich als Herkules anreden ließ und mit Keule und Löwenfell aufgetreten sein soll, ist der offizielle Beiname »Hercules Romanus« sicher überliefert.

Im Mittelalter und im Christentum büßte Herkules nichts von seiner Vorbildlichkeit ein, sodass er eine der wenigen antiken mythologischen Figuren blieb, die auch in der Nachantike Bestand hatten. Als allgemeines Tugendideal war Herkules weiterhin moralisches Vorbild – ohne jedoch zum Motiv einer bestimmten Herrschaftskunst zu werden. Vielmehr wurde er mit biblischen Gestalten und Christus gleichgesetzt. Erst im 16. Jahrhundert wird Herkules zu einer Symbolfigur, die individuell an die Leistungen und Taten des Dargestellten angepasst wird. So wurden nicht nur die Reformatoren Luther und Zwingli als Herkules verbildlicht, sondern auch Verfechter der Gegenreformation. Dass in dieser Entwicklung Herkules zum Bild des idealen neuzeitlichen Herrschers wurde, liegt nahe.

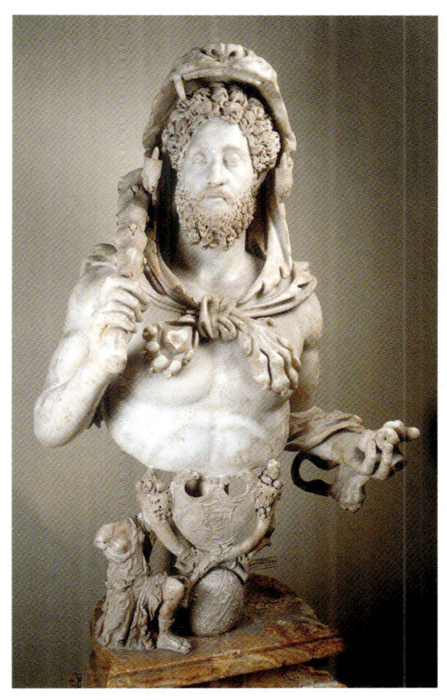

Die Büste des Kaisers Commodus ist aufgrund der feingliedrigen Gestaltung eine der künstlerisch wertvollsten Arbeiten der römischen Kaiserzeit.

So verwendeten die Habsburger, die Mediceer (Florenz), die Bourbonen (Frankreich) und andere Herrscherhäuser seit dem 16. Jahrhundert Herkules als Identifikationsfigur. Cesare Ripa festigte die positiven Charakterzüge des Helden und die Funktion als Herrscherideal, indem er Herkules zur Darstellung der Heldentugend in seinem Bildlexikon »Iconologia« 1603 empfahl.

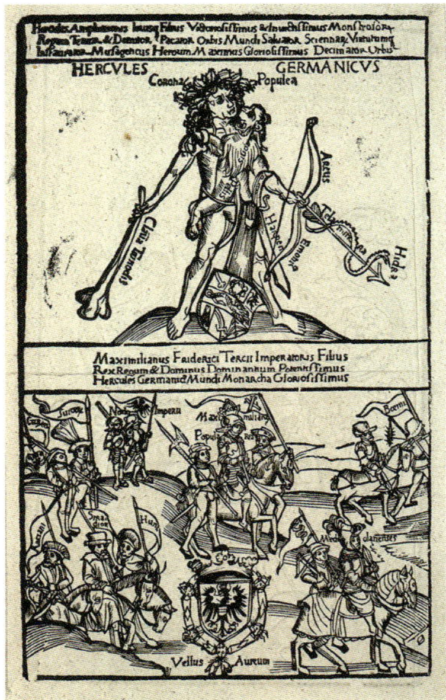

Dieses Blatt aus der Albertina in Wien stellt König Maximilian als Hercules Germanicus dar.

Große Beliebtheit erfuhr Herkules auch als Bestandteil der barocken Gartenkunst. Im Schlossgartenkomplex Vaux-le-Vicomte im französischen Maincy, der auf Anlass des Finanzministers Nicolas Fouquet 1556 bis 1561 erbaut und selbst vom Sonnenkönig Ludwig XIV. mit Neid bestaunt wurde, zierte ursprünglich wohl eine Kopie des Herkules Farnese auf einem Hügel den Endpunkt der vom Schloss verlaufenden Achse, wie ein zeitgenössischer Stich illustriert. Die Anlagen von Vaux-le-Vicomte gelten als erster Barockgarten Frankreichs und finden einen Widerhall in deutschen Anlagen. So sind die barocken Formen nach französischem Vorbild auch im Park von Schönhausen nahe Stendal zu sehen, den August II. von Bismarck und seine Gattin Dorothea Sophie von Katte 1711 erbauen ließen, und in dem ebenfalls eine Herkulesfigur aufgestellt ist. Der Personenkreis, der die Herkulesfigur für seine Zwecke nutzte, erweiterte sich: Nicht mehr allein der regierende Herrscher, sondern auch andere einflussreiche und wohlhabende Persönlichkeiten nutzten den Helden zur Dekoration und Repräsentation in ihren Gärten.

Seit dem 19. Jahrhundert änderte sich der Umgang mit der Herkulesthematik grundlegend, als er Eingang in das neu entstandene Medium der Karikatur fand, wo vor allem Politiker Herkules gleich dargestellt werden. Neben den auch heute noch komisch überzeichneten Darstellungen zeigen einige Künstler auch große Männer unserer Zeit als Herkules – in seriöser sowie ernst gemeinter Form und auf die individuellen Taten angepasst, ganz so, wie es in Antike und Barock üblich war.

Wirkungsgeschichte des Kasseler Helden

Mit dem vorläufigen Ende der Landgrafschaft im Jahr 1803 in Kassel entwickelte sich eine neue Wirkung des Herkules auf die zeitgenössischen Künstler. Ohne die direkte Einflussnahme der hessischen Landgrafen scheint sich die Rolle des Helden in der Wahrnehmung der Künstler verändert zu haben. Bis heute bleibt der Kasseler Herkules Thema in der Kunst, und seine Rezeptionsgeschichte ist in steter Bewegung.

Vom 19. bis ins 20. Jahrhundert findet sich Herkules als Bestandteil zahlreicher Landschaftsansichten. Meist bilden nicht die Figur mit Pyramide und Oktogon oder die Kaskadenanlage das alleinige Motiv, vielmehr werden sie in eine Gesamtkomposition der umgebenden Landschaft eingebettet. Ein Gemälde Paul Baums zeigt eine Hügellandschaft mit Bach, wobei nicht sicher ist, ob die Silhouette tatsächlich den Kasseler Herkules meint. Er steht somit nicht im Fokus des Bildes, verweist jedoch auf seinen möglichen geografischen Bezug zum Habichtswald bei Kassel. Ähnlich umrisshaft zeigt der Maler Louis Kolitz das Kasseler Wahrzeichen. In seinem Gemälde »Die Parkachse in der Kasseler Wilhelmshöhe mit Herkules« bilden die hohen dunklen Bäume eine Schlucht, die den Blick des Betrachters

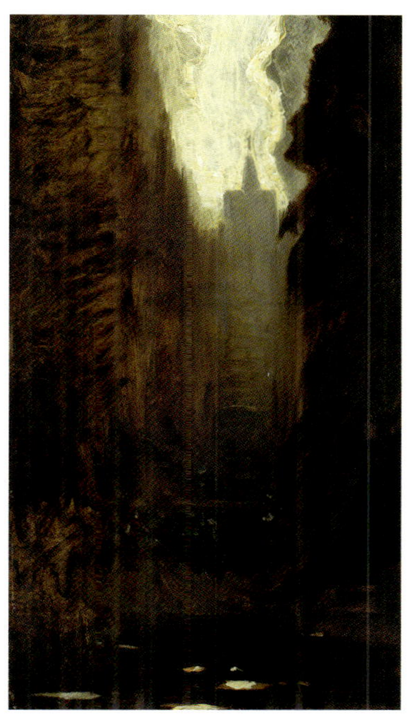

Louis Kolitz, Die Parkachse in der Kasseler Wilhelmshöhe mit Herkules, um 1900

von den Kaskaden hin zum Oktogon und dem bekrönenden Herkules freilässt. Trotz der schematischen und skizzenhaften Wiedergabe

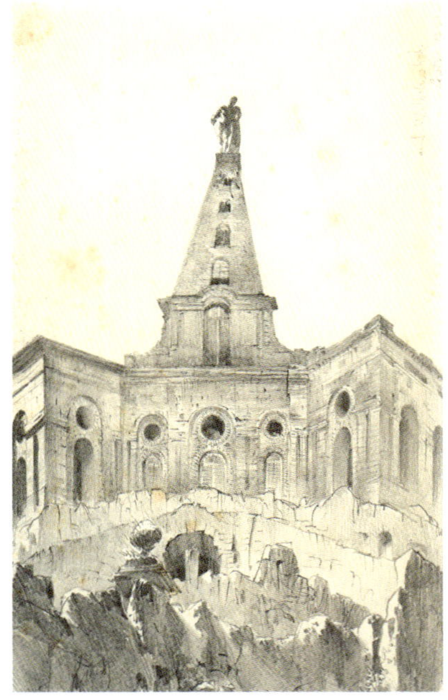

Adolph Menzel, Herkules und Kaskade in Wilhelmshöhe bei Kassel, 1841

ist das Herkulesbauwerk durch seine typischen Umrisse eindeutig erkennbar.

Für den berühmten Maler Adolph Menzel stellte der Herkules während seiner Aufenthalte in Kassel ein beliebtes Motiv dar. Neben einer Landschaftsskizze, in der die Parkanlage von einem weit entfernten Standpunkt aus gezeichnet ist, setzt er das Herkulesbauwerk 1841 formatfüllend in den Mittelpunkt seines Blattes. Die Bleistiftzeichnung »Herkules und Kaskade in Wilhelmshöhe bei Kassel« bildet das Oktogon, die Pyramide und die bekrönende Figur aus frontaler Untersicht ab. Das Bauwerk wird zum alleinigen Motiv Menzels.

Mehr als fünfzig Jahre später wird Herkules erneut zum Mittelpunkt einer Bleistiftzeichnung Menzels. Diesmal führt der Blick über Baum-

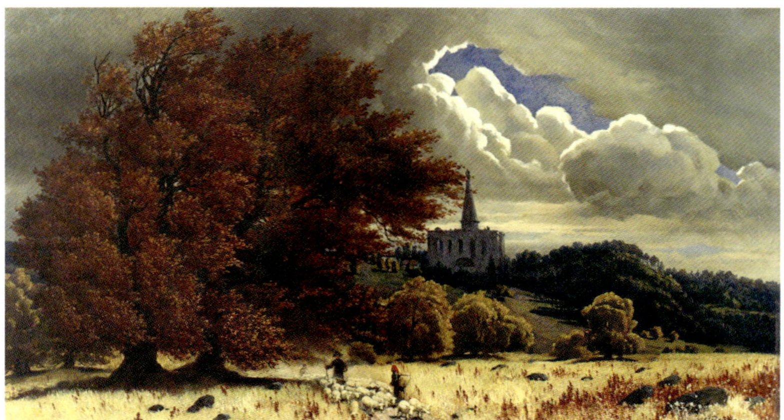

Carl Brünner, Blick vom Habichtswald auf den Herkules, 1911

kronen hin zur Figur auf der Pyramide, die sich vom hellen Hintergrund abhebt und atmosphärisch
anmutet.

Eine Rückansicht des Herkulesbauwerks – also von Westen aus
gesehen – stellt Carl Brünner 1911
in seinem Gemälde »Blick vom
Habichtswald auf den Herkules«
dar. Über eine Wiese mit einem
Schäfer, dessen Schafen und
einer Bäuerin neben zwei prächti-
gen Eichen führt der Blick auf das
Oktogon mit der Pyramide im Hintergrund. Der wolkenverhangene
Himmel reißt über Herkules auf.
Erneut ist er nicht das Hauptmo-
tiv – er bildet jedoch den Zielpunkt
der landschaftlichen Komposition.

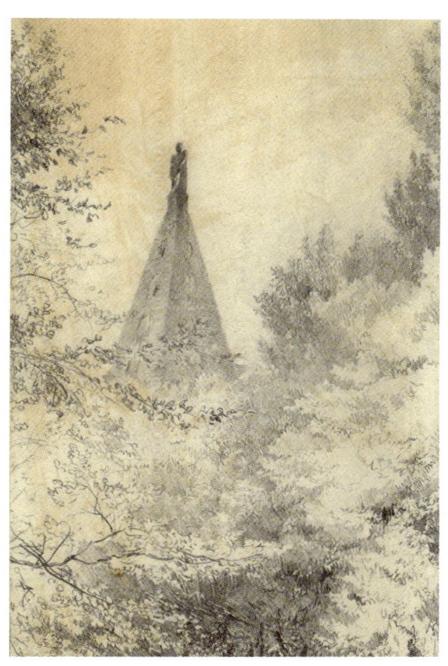

Adolph Menzel, Herkules auf der Wilhelmshöhe bei Kassel, 1893

Neben diesen Darstellungen des Kasseler Wahrzeichens, die in eine
landschaftliche Komposition integriert sind, findet es seit dem 20.
Jahrhundert vor allem Verwendung in neueren Medien, wie der Post-
karte. Einen »Gruß aus der Keule des Herkules« konnte man seit 1900
aus Kassel verschicken – ebenso verschiedene Ansichten des Schlos-
ses, des Parks und des Herkulesbauwerks.

Während in der neueren Wirkungsgeschichte durchgehend Herkules
als Mythos oder als Figur zu finden ist, so besteht für die Kasseler
Künstler zum Thema immer auch eine zusätzliche Zugangsebene.
Nicht allein der Mythos des antiken Helden oder sein kunsthistori-
scher Typus sind Thema der Auseinandersetzung, sondern der topo-
grafische Bezug zu Kassel und die historische Entstehungsgeschichte

des Kupferkolosses eröffnen den ansässigen Künstlern neue Rezeptionsmöglichkeiten.

Nicht zuletzt entwickelte der documenta-Gründer Arnold Bode in den 1970er Jahren ein Konzept, das die Gesamtheit der barocken Herkulesanlage als Ausstellungsfläche für zeitgenössische Kunst nutzen wollte. Neben Großplastiken, Ambientekunst und einer Sonderschau »Architektur der Welt« sollten Jugendwettbewerbe genagelte Holzbretterplastiken hervorbringen, die Herkules zeigen und in den äußeren Nischen des Oktogons aufgestellt werden sollten. Letztlich blieb Bodes Projekt Utopie.

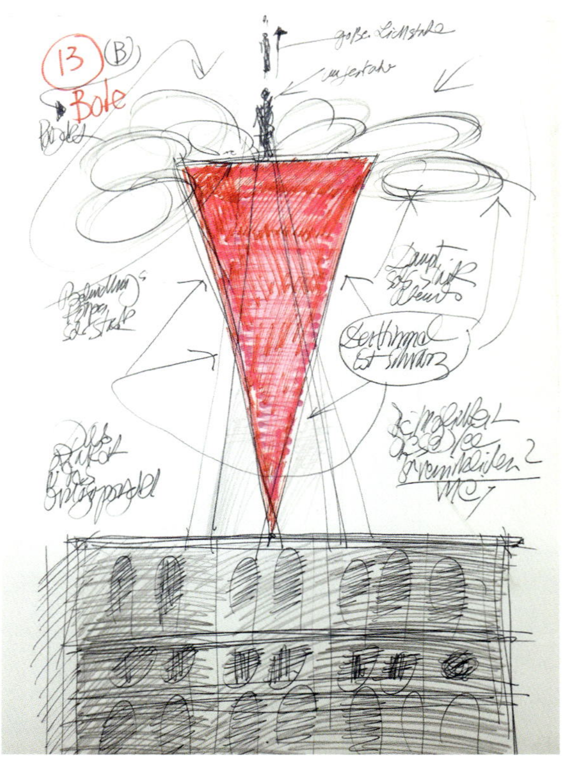

Arnold Bode, Informationstafel zum Oktogon-Projekt, 1976

Zur Begehbarkeit der Figur: Mythos und Wahrheit

Zweimal stand Herkules im Laufe der Jahrhunderte kopflos da. Ein erstes Mal hatte man den Kopf für die Restaurierungsarbeiten 1951 bis 1952, ein zweites Mal von 2006 bis 2008 abgenommen, um einen bequemen Einstieg in die Figur zu ermöglichen. Dank der reversiblen Nietverbindungen zwischen den einzelnen Körperteilen war die Kopfabnahme relativ problemlos möglich.

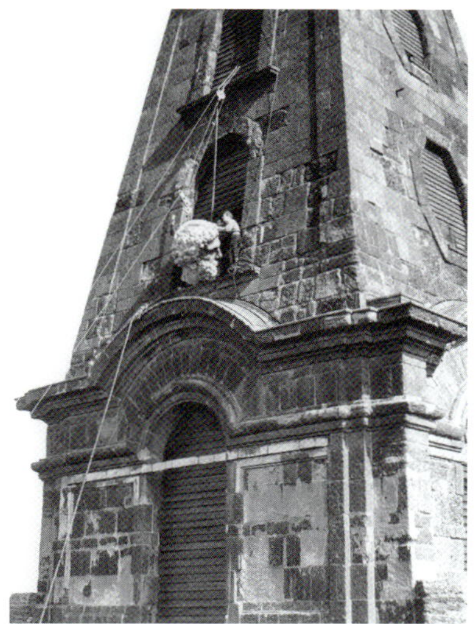 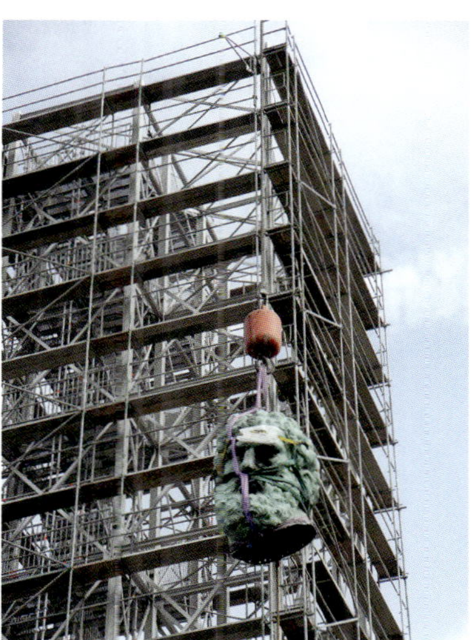

Kopfabnahme, 1951 und 2006

Im Regelfall kann die Figur jedoch nur von unten bestiegen werden. Durch eine runde Öffnung in der Pyramide gelangt man über eine Leiter zunächst in den Sockel der Figur und von dort aus über eine zweite Leiter in den Felsblock, an den sich Herkules mit seiner Keule lehnt. Durch eine 1875 geschaffene Luke in der Felswandung eröffnet sich – zwischen den Füßen des Herkules – ein atemberaubender Blick über die Wilhelmshöhe und das Kasseler Becken. Möchte man bis ins Innere des Herkules vordringen, muss man nun auf dem Eisengestänge des Felsblocks weiter nach oben klettern. Da die vier langen

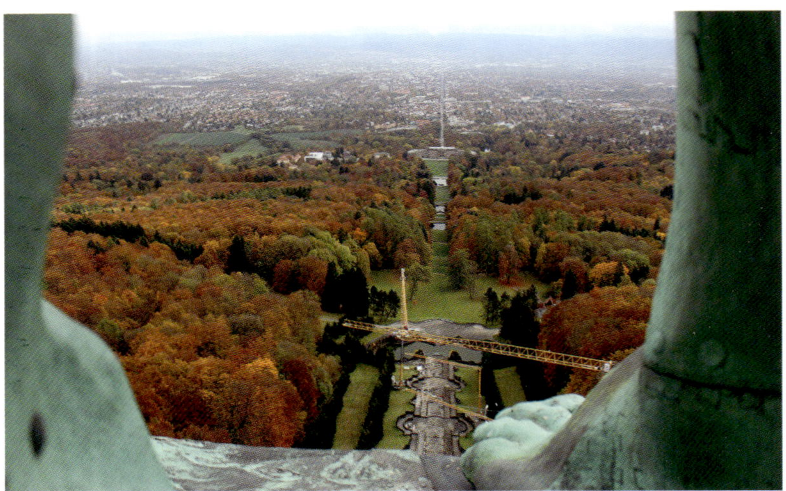

Ausblick aus der Felsluke auf das Kasseler Becken

Stäbe, die vom Sockel aus durch den Felsblock bis in den Schulterbereich führen, pyramidal zusammenlaufen, wird es immer enger.
Schließlich bleibt selbst schlanken Personen nur noch die Möglichkeit,
sich um die Stäbe herum zu quetschen und sich kopfüber durch die
linke Achselhöhle in den Brustkorb des Herkules hinein zu winden.

Sicher war eine Begehbarkeit der Herkulesfigur – anders als bei der
Freiheitsstatue in New York – kein primäres Anliegen; hierfür sind die
Verhältnisse im Inneren viel zu beengt. Wenn man historische Reisebeschreibungen liest, entsteht indes ein anderer Eindruck. So vermittelt
bereits Johann Friedrich Armand von Uffenbach 1728 eine Vorstellung
von der vermeintlichen Geräumigkeit im Inneren der Statue: »Es stehet
sonsten der Hercules, wie bekant, an einer Keule angelehnet, welche
hier so groß und hohl ist, daß eine aparte Treppe dahineingehet und
sechs Personen Raum darin zu stehen haben können, woselbst ohn-
zehlige Namen angeschrieben.«[4] Sind es bei ihm noch sechs Personen, die angeblich in die Keule – eigentlich gemeint ist der Felsblock
– passen, so sind es bei Friedrich Gottlob Wetzel 1805/1808 oder bei

<hr>

4 Uffenbach 1728/1928, S. 49.

Johann Daniel Engelhard 1842 sogar zwölf. Eine gelinde Übertreibung: Tatsächlich könnten etwa drei Erwachsene nebeneinander im unteren Bereich des Felsblocks stehen. Heute ist die Figur für die Besucher jedoch nicht zugänglich, da der Aufstieg zu gefährlich ist – und anders als in den historischen Reisebeschreibungen suggeriert, werden auch in früheren Zeiten die wenigsten Autoren die Statue aus nächster Nähe betrachtet haben.

Wie viel Fantasie gelegentlich im Spiel war, zeigt der Briefroman »Godwi« von Clemens Brentano aus dem Jahre 1801, in dem »besonders der große Christoffel gefallen hat, der steht auf einem hohen Berge und guckt in die Welt hinein, und aus seinen Augen gucken wieder Leute hinaus, denn sein Kopf ist hohl und seine Augen sind ungeheure Schalusieladen.«[5] Die Bezeichnung des Herkules als »großer Christoffel« taucht auch in späteren Reiseberichten immer wieder auf. Christophorus war einer der populärsten Heiligen des Spätmittelalters. Vielleicht ist der Spitzname ein Indiz dafür, dass der antike Held Herkules, das persönliche Denkmal Landgraf Carls, im Laufe des 18. Jahrhunderts auch von der Bevölkerung angenommen wurde – als Schutzpatron, als »Volksheld« oder schlichtweg als Wahrzeichen.

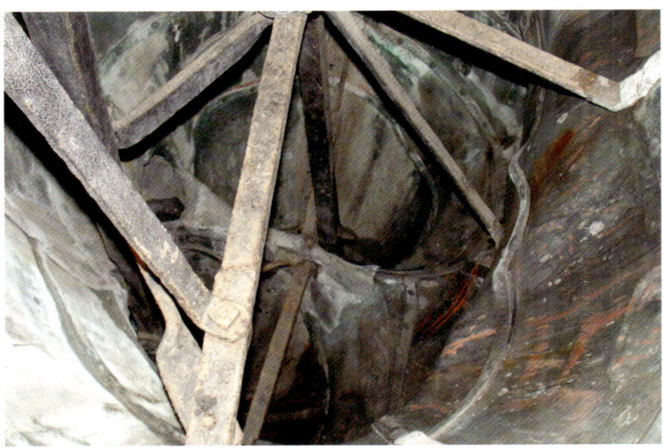

Blick in die Beine der Herkulesfigur

---

5 Brentano 1801, S. 201.

Neuer Umgang mit einem alten Thema

In der umfassenden Wirkungsgeschichte des Herkules lassen sich verschiedene Anknüpfungspunkte erkennen. Neben der bereits besprochenen Rezeption des Kasseler Helden stechen in der Kunstgeschichte vor allem zwei Aspekte des antiken Herkules hervor: Der Mythos und die Figur des Herkules Farnese.

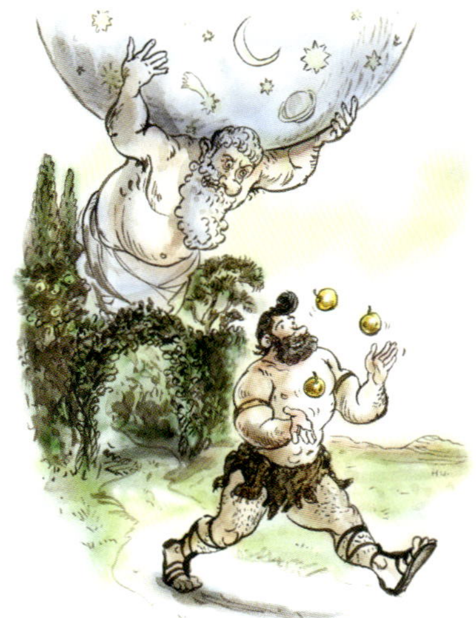

Rudi Hurzlmeier, Pflücken der Goldenen Äpfel der Hesperiden, Blatt 11 aus dem Zyklus »Die Heldensagen des Herkules«, 2011

Seit der Antike, über die Neuzeit bis hin in die Gegenwart sind Darstellungen der Heldentaten des Herkules überliefert. Einen neuen Zugang zu diesem vertrauten Thema findet als einer von vielen auch Rudi Hurzlmeier im Medium der Karikatur. Auf humorvolle Art erweckt er so die Heldengeschichten in einem zwölf Blätter umfassenden Zyklus zu neuem Leben.

Auch die Figur bzw. der Typus Herkules Farnese hat von ihrer Beständigkeit seit der römischen Zeit nichts eingebüßt. Nach der Auffindung der Statue 1546 wurde sie unzählige Male rezipiert und in sämtlichen künstlerischen Gattungen dargestellt. Zwei außergewöhnliche Möglichkeiten der Rezeption des Typus entstanden bereits im 18. und 19. Jahrhundert: Das »Squelette de l'Hercule Farnèse« zeigt das farnesische Standmotiv in gespiegelter Form. Bei diesem Blatt handelt es sich um eine Skelettstudie zum Herkules Farnese.

Eine 1893 entstandene Fotografie »Bodybuilder Eugen Sandow as the Farnese Hercules« von Napoleon Sarony wirkt auf den heutigen

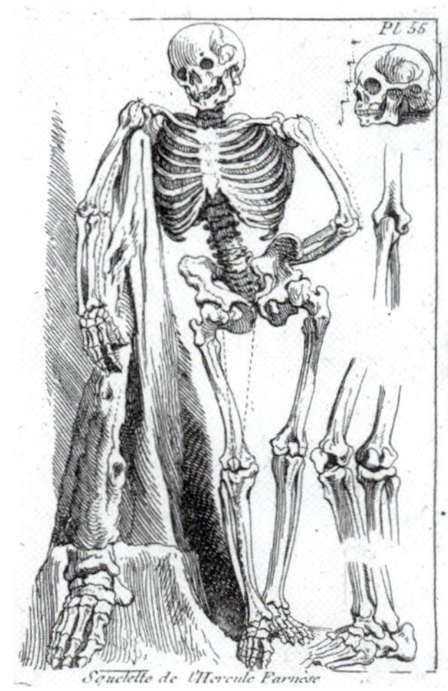

Unbekannter Künstler, Squelette de l'Hercule Farnèse, 18. Jh.

Betrachter ebenso bemerkenswert. Der erste Bodybuilder und einst stärkste Mann der Welt wird in der Aufnahme als Herkules Farnese inszeniert. Die Angleichung geschieht durch die Übernahme des Standmotivs, woraus eindeutig lesbar ist, dass hier Herkules imitiert werden sollte. Die inhaltliche Parallele zum antiken Helden besteht in dieser Darstellung wohl nicht im tugendhaften Charakter des Bodybuilders Sandow, sondern vielmehr in seiner herkulischen Stärke.

So beschreitet die Kunst bis heute neue Zugangswege zum Thema Herkules, die oft mit einem Augenzwinkern wahrgenommen werden.

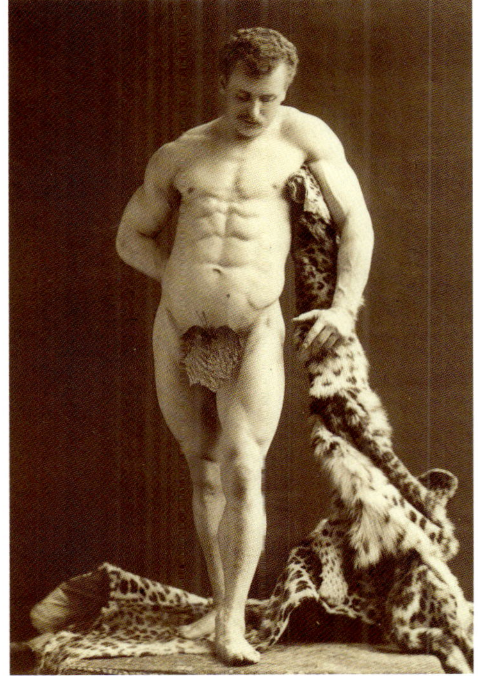

**Napoleon Sarony,
Bodybuilder Eugen
Sandow as the
Farnese Hercules, 1893**

Was man sonst noch über Herkules wissen sollte

Übrigens...

... gibt es einen Herkulesberg in Köln. Hierbei handelt es sich um den größten von elf Schuttbergen im Kölner Stadtgebiet, der ca. 25 Meter über seine direkte Nachbarschaft ragt, 72,2 m ü. NN.

... besitzt auch Gelsenkirchen einen monumentalen Herkules. Dieser 18 m hohe und 23 Tonnen schwere Koloss des zeitgenössischen Künstlers Markus Lüpertz thront auf dem Förderturm der ehemaligen Zeche Nordstern und gilt seit seiner Aufstellung 2010 als Wahrzeichen für den Strukturwandel im Ruhrgebiet.

... findet Google über 12,6 Mio. Treffer bei der Suche nach »Herkules«. Sucht man nach »Hercules«, findet die Suchmaschine sogar weit mehr als 92 Mio. Einträge.

... sind in Nordhessen sieben Straßen nach Herkules benannt – in Kassel, Fuldabrück, Niestetal, Schauenburg, Habichtswald, Guxhagen und Körle. Außerdem gibt es Herkulesstraßen in Öhringen bei Heilbronn, in Köln und einen Herkulesweg bei Münster und in Wien. Weitere Herkulesstraßen im Ausland gibt es in Hamilton, Queensland (Australien), in London (Großbritannien) und drei Mal in Kalifornien (USA).

... beträgt der BMI (Body-Mass-Index) des Herkules 37, womit er nicht nur Übergewicht hat, sondern im adipösen Bereich liegt. Hingegen entsprechen seine Körpermaße dem heutigen männlichen Schönheitsideal.

... bezeichnet noch heute die sprichwörtliche Herkulesarbeit eine scheinbar unlösbare und schwere Aufgabe. Und auch die Äpfel der Hesperiden haben eine redensartliche Bedeutung. Wie im Mythos symbolisieren sie eine besondere Kostbarkeit.

... führen vermehrt seit den 1920er Jahren in Kassel viele Firmen »Herkules« im Namen. Neben einer Gebäudereinigung, einer Filmgesellschaft, einem Lederwarengeschäft sowie einer Drogerie fand sich der Name des Helden auch im Titel einer Kasseler Zeitung, einer Spedition und vielen weiteren Kasseler Firmen. Noch heute führen mehr als 20 Firmen seinen Namen.

... war es die Herkules-Brauerei, die als erste Firma in Kassel »Herkules« im Namen trug.

... wiegt Herkules 2,5 Tonnen, soviel wie ein ausgewachsenes Nashorn.

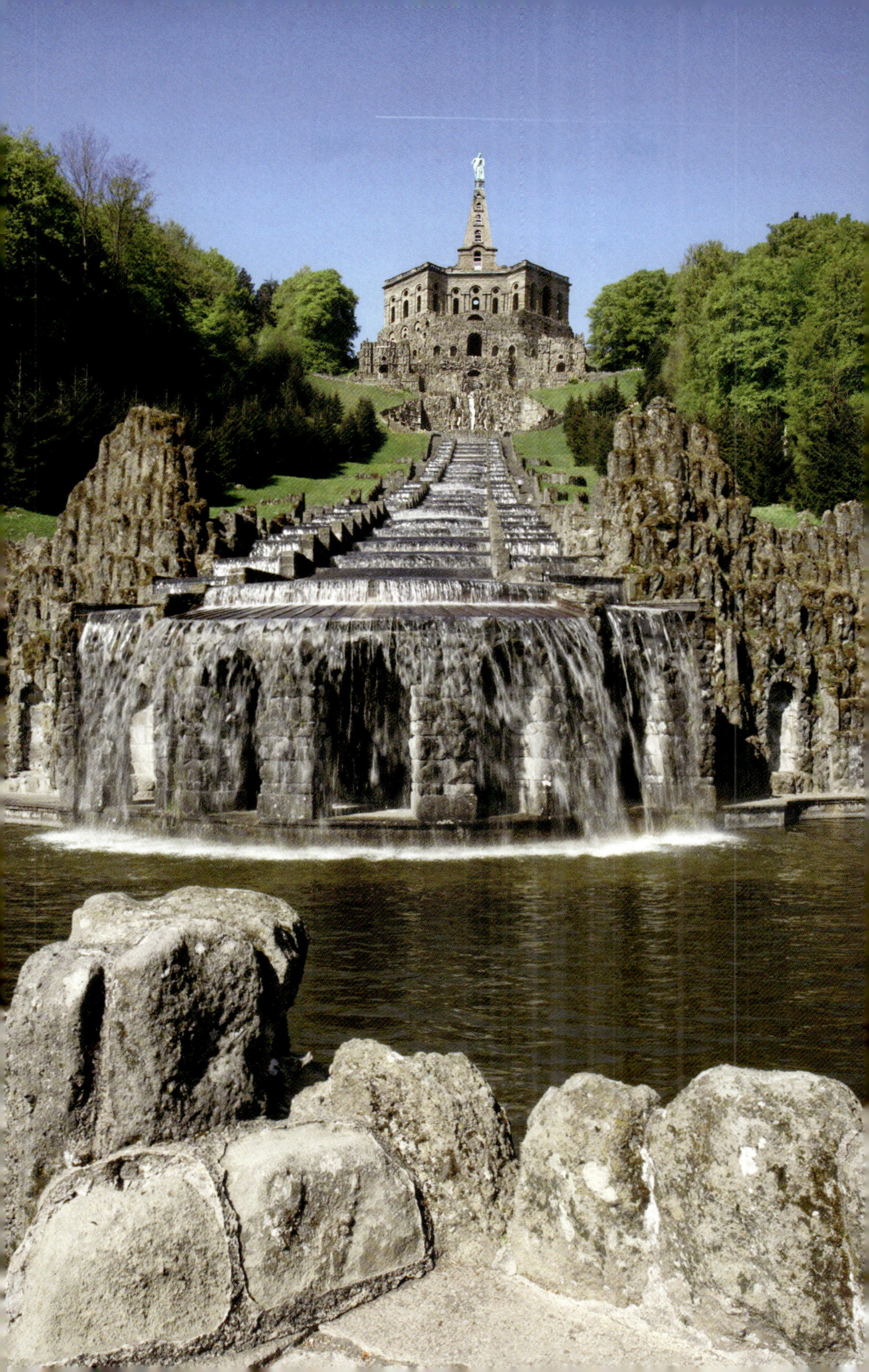

Zeittafel

1654 .... 3. August: Geburt Carls, des späteren Landgrafen von Hessen-Kassel

Um 1665 .... Geburt von Giovanni Francesco Guerniero

1677 .... 8. August: Regierungsantritt Carls als Landgraf von Hessen-Kassel

1690er Jahre .. Beginn umfangreicher Erd-, Wasserbau-, Maurer- und Steinmetz-arbeiten an einem neuen »Berg« auf dem sog. Winterkasten

1699/1700 .... 5. Dezember bis 2. April: viermonatige Italienreise des Landgrafen Carl. Im Innenhof des Palazzo Farnese sieht er die 1546 in den Caracalla-Thermen geborgene antike Statue des Herkules Farnese

1700 .... Ankunft des Architekten Giovanni Francesco Guerniero in Kassel, Abschluss des ersten Bauvertrags

1701–1704 ..... Zweiter Bauabschnitt: Errichtung der großen Kaskaden, Vollendung des Oktogonunterbaus, Arbeiten an der Wasserversorgung

1705/1706 .... Erstauflage des Kupferstichwerks »Delineatio Montis« in Rom, zweite Auflage in Kassel

1708–1711 ..... Dritter Bauabschnitt: Errichtung des Belvederegeschosses (2. Obergeschoss) auf dem Oktogonunterbau, Arbeiten an der Wasserversorgung

1713–1715 ...... Vierter Bauabschnitt: Errichtung der Pyramide, Arbeiten an der Wasserversorgung

1713 .... Eintreffen des Augsburger Goldschmieds Johann Jakob Anthoni in Kassel, Einrichtung seiner Werkstatt für die Arbeit an der Herkules-figur

1714 .... Erste Ausbesserungsarbeiten an den Kaskaden und am Herkules-bauwerk: Beginn der umfassenden, seit 300 Jahren kontinuierlich durchgeführten Instandsetzungsarbeiten

1714 .... Juni: Inbetriebnahme der Wasserspiele

1714–1717 ...... Fertigung und Montage der kupfergetriebenen Herkulesfigur über einem schmiedeeisernen Innengerüst durch Johann Jakob Anthoni und den Kasseler Bauschmied Johann Balthasar Klocke

1715 .... Guerniero kehrt nach Rom zurück

1717 .... 30. November: Fertigstellung der Herkulesfigur

1871–1875 .... Reparaturen an der Herkulesfigur und Austausch der korrodierten
eisernen Verkleidung des Sockels gegen Kupferblech
1900 .... Instandsetzungsarbeiten an Pyramide und Herkulesfigur, Entdeckung
der Schöpfungsurkunde
1951–1952 .... Grundlegende Restaurierung der Herkulesfigur. u. a. Erneuerung der
korrodierten Eisenbänder und Reparatur von Einschusslöchern
1967 .... 250. Herkulesgeburtstag, Wiedereröffnung des zuvor geschlossenen
Herkulesbauwerks für die Besucher
2007–2008 ... Sicherung und Restaurierung der Herkulesfigur, Einbau einer
additiven Rückverankerung
2009–2011 .... Errichtung des neuen Besucherzentrums am Herkules durch Staab
Architekten, Berlin
23. Juni 2013... Aufnahme des Bergparks Wilhelmshöhe mit Herkules und Wasserkünsten in die Liste des UNESCO-Welterbes
2017 .... 31. März bis 8. Oktober: Jubiläumsausstellung im Schloss
Wilhelmshöhe »Herkules 300 – Wiedergeburt eines Helden«
2017 .... 30. November: 300. Geburtstag des Herkules

Maße und Gewichte

Distanzen vom Herkulesbauwerk (Luftlinie)

zum Schloss Wilhelmshöhe .... 1.660 m

zum Neptunbecken .... 390 m

Höhe über dem Meeresspiegel

Schloss Wilhelmshöhe .... 285 m ü. NN

Neptunbecken .... 428 m ü. NN

Oktogon-Innenhof .... 527 m ü. NN

Obere Besucherplattform .... 558 m ü. NN

Kopf des Herkules .... 596 m ü. NN

Maße des Herkulesbauwerks

Ausdehnung des Oktogons Ost-West / Nord-Süd .... 68,60 m / 73,40 m

Höhe des Herkulesbauwerks .... 68,90 m

davon: Höhe des Oktogons .... 31,10 m

Höhe der Pyramide .... 26,50 m

Höhe der Herkulesfigur inkl. Sockel .... 11,30 m

davon: Höhe des Sockels .... 3,00 m

Höhe der Herkulesfigur .... 8,30 m

davon: Größe des Kopfes .... 1,45 m

Schulterbreite .... 2,70 m

Brustumfang .... 5,50 m

Länge des Fußes .... 1,20 m

Durchmesser der Äpfel der Hesperiden .... 0,20 m

Höhe der Keule .... 3,50 m

Höhe des Felsblocks .... 6,00 m

Gewicht des Herkulesbauwerks .... 100.000 t

Gewicht der Herkulesfigur einschließlich Sockel................................ 7,8 t

davon: Gewicht der schmiedeeisernen Innenkonstruktion .... 5,3 t

Gewicht der Kupferhaut inkl. der Eisenbänder .... 2,5 t

Quellen und Literatur (Auswahl)

Horst Becker und Michael Karkosch: Park Wilhelmshöhe Kassel, Parkpflegewerk, Monographien Bd. 8, Edition der Verwaltung der Staatlichen Schlösser und Gärten Hessen, Regensburg 2007

Clemens Brentano: Godwi oder Das steinerne Bild der Mutter. Ein verwilderter Roman von Maria. Bremen 1801

Adele Buratti Mazzotta: Federico Borromeo, l'Ambrosiana e il suo Sacro Monte di Arona. Disegni e nuove fonti d'archivio, in: Studia Borromaica 12 (1998), S. 317–338

Adele Buratti Mazzotta: Il Sacro Monte ed il Colosso di San Carlo ad Arona, in: Immagini e presenze di San Carlo nella Terra di Arona, Ausstellungskatalog, o. O. 1984, S. 9–28

Hans Ulrich Cain: Der Herakles Farnese – ein müder Heros?, in: A. Corbineau-Hoffmann und P. Nicklas (Hrsg.): Körper – Sprache. Ausdrucksformen der Leiblichkeit in Kunst und Wissenschaft, Hildesheim 2002, S. 33–61

Cornelia Dörr: Eine schöne Vereinigung der Meriten Krähwinkels mit den Prätenssionen von Wenigstens Berlin. Adolf Menzel in Hessen, Marburg 1997

Giovanni Francesco Guerniero: Delineatio montis a Metropoli Hasso-Cassellana. Nachdruck der Ausgabe von 1706. Hrsg. von Helmut Scharf, Stuttgart – Leipzig 1988

Francis Haskell und Nicholas Penny: Taste and the Antique, New Haven – London 1981

Paul Heidelbach: Die Geschichte der Wilhelmshöhe, Leipzig 1909

Hessisches Staatsarchiv Marburg (HStAM), Cabinetsarchiv B 196 III

Nikolaus Himmelmann: Der Ausruhende Herakles, Paderborn 2009

Alois Holtmeyer: Die Bau- und Kunstdenkmäler im Regierungsbezirk Cassel, Marburg 1923

Alois Holtmeyer: Giovanni Francesco Guerniero, in: Zeitschrift für Geschichte der Architektur, Heft 11, Heidelberg 1910, S. 249-257

Siegfried Hoß: Park Wilhelmshöhe. Größter Bergpark Europas, Parkbroschüren MHK Bd. 1, Regensburg 2013

Sascha Kansteiner, Lauri Lehmann u. a. (Hrsg.): Text und Skulptur. Berühmte Bildhauer und Bronzegießer der Antike in Wort und Bild, Berlin 2007

G. C. Kellner: Ansichten vom Weissenstein und Karlsberg bei Cassel, in: Deutsches Magazin, Bd. 17, 1799, S. 225-246

Johann Balthasar Klaute: Diarium Italicum, Kassel 1722

Diethelm Krull: Der Herakles vom Typ Farnese. Kopienkritische Untersuchung einer Schöpfung des Lysipp, Frankfurt am Main – Bern – New York 1985

Landesamt für Denkmalpflege Hessen (Hrsg.): Hortus ex Machina. Der Bergpark Wilhelmshöhe im Dreiklang von Kunst, Natur und Technik (Arbeitshefte des Landesamtes für Denkmalpflege Hessen, Bd. 16), Wiesbaden 2010

Landesamt für Denkmalpflege Hessen (Hrsg.): Das Herkulesbauwerk im Bergpark Wilhelmshöhe. Berichte zur Restaurierung (Arbeitshefte des Landesamtes für Denkmalpflege Hessen, Bd. 18), Wiesbaden 2011

Friedrich Lometsch (Hrsg.): Wilhelmshöhe. Natur und Formergeist in dem schönsten Bergpark Europas. Alte Ansichten und Pläne nebst einer Beschreibung von W. Döring aus dem Jahre 1804, Kassel 1961

Christiane Lukatis und Hans Ottomeyer (Hrsg.): Herkules. Tugendheld und Herrscherideal. Das Herkules-Monument in Kassel-Wilhelmshöhe, Eurasburg 1997

Bernd Modrow: Die italienischen Einflüsse auf den barocken Karlsberg bei Kassel, in: ICOMOS. Die Gartenkunst des Barock, Bd. 28, 1998, S. 58–63

Hans Philippi: Landgraf Karl von Hessen-Kassel. Ein deutscher Fürst der Barockzeit, Marburg 1976

Helmut Sander: Das Herkules-Bauwerk in Kassel-Wilhelmshöhe. Ein Beitrag zur Geschichte der Denkmalpflege und zum Wandel ihrer Methoden und Ziele, Kassel 1981

Antje Scherner: Giovanni Francesco Guerniero – ein Architekt aus dem Umkreis Carlo Fontanas? Neue Quellen zu Leben und Werk des Baumeisters der Kasseler Wasserspiele, in: Ingo Herklotz und Hubert Locher (Hrsg.): Marburger Jahrbuch für Kunstwissenschaft 38, 2011, S. 171–196

Rolf M. Schneider: Der Hercules Farnese, in: Luca Giuliani (Hrsg.): Meisterwerke der antiken Kunst, München 2005, S. 114–157

Joachim Schröder: Wie der Herkules zum großen Christoph wurde. Ein Beitrag zur Rezeptionsgeschichte des Kasseler Herkules. Zeitschrift des Vereins für hessische Geschichte (ZHG), Band 113 (2008), S. 221–243; Band 114 (2009), S. 205–234

Nele Schröder: Ein severisches Großprojekt. Die Ausstattung der Caracalla-Thermen in Rom, in: Florian Leitmeir und Stephan Faust (Hrsg.): Repräsentationsformen in severischer Zeit. Workshop am 21. und 22. November 2008, München (München 2011), S. 177–190

Johann Friedrich Armand von Uffenbach: Tagebuch einer Spazierfarth durch die Hessische in die Braunschweigisch-Lüneburgischen Lande, 1728, hg. von Max Arnim, Göttingen 1928

Unbekannt: Kurze Beschreibung von Wilhelmshöhe bey Casse , Kassel 1799

UNESCO-Kommissionen Deutschlands, Luxemburgs, Österreichs und der Schweiz (Hrsg.): Welterbe-Manual. Handbuch zur Umsetzung der Welterbekonvention in Deutschland, Luxemburg, Österreich und der Schweiz, Bonn 2009

Rainer Vollkommer: Herakles. Die Geburt eines Vorbildes und sein Fortbestehen bis in die Neuzeit. John Boardman zum 60. Geburtstag, in: IDEA. Werke. Theorien. Dokumente, Jahrbuch der Hamburger Kunsthalle 6, 1987, S. 7–30

David August von Apell: Cassel in historisch-topographischer Hinsicht nebst einer Geschichte und Beschreibung von Wilhelmshöhe und seinen Anlagen, Marburg 1805

Ralf von der Hoff: Horror and amazement: Colossal mythological statue groups and the new rhetoric of images in late second and early third century Rome, in: Barbara Borg (Hrsg.): Paideia: The World of the Second Sophistic, Berlin 2004, S. 105–129

Zacharias Konrad von Uffenbach: Merkwürdige Reisen durch Niedersachsen, Holland und Engelland (verfasst 1710), Frankfurt 1753/1754

Cornelia Weinberger (Hrsg.), Johann Balthasar Klaute: Diarium Italicum. Die Reise Landgraf Karls von Hessen-Kassel nach Italien, 5. Dezember 1699 bis 1. April 1700, Kassel 2006

Raimund Wünsche (Hrsg.): Herakles – Herkules. Ausst. Kat. München 2003

Abbildungsverzeichnis

S. 9: Bauchamphora – Herakles ringt mit dem nemeischen Löwen; Kriegerabschied, um 540 v. Chr., MHK, Antikensammlung, T 384

S. 11: Metope mit Herakles, der das Himmelsgewölbe hält, 5. Jh. v. Chr., Olympia, Archäologisches Museum

S. 15: Unbekannter Künstler, Ruinen der Caracalla-Thermen, in: Etienne du Perac: I vestigi dell´antichita di Roma, 1621, MHK, Graphische Sammlung, SM-GS 6.2.756

S. 16: Antonio da Sangallo, Fundskizze, 1546

S. 17: Figur im Typus Herkules Farnese an einem Figuralkapitell, 3. Jh. n. Chr., Rom, Caracalla-Thermen

S. 17: Herkules Caserta, frühes 3. Jh. n. Chr., Caserta, Palazzo Reale

S. 18: Antonio Lafreri (1512–1577), Ansicht des Innenhofes des Palazzo Farnese in Rom, in: Speculum Romanae Magnificentiae, 1560, MHK, Graphische Sammlung, L GS 22596

S. 19: Herkules im Typus Farnese, 130–150 n. Chr., MHK, Antikensammlung, Sk 133

S. 21: Gipsabguss des Herkules Farnese, frühes 3. Jh. n. Chr., MHK, Antikensammlung, A 388

S. 25: Pierre Étienne Monnot (1657–1733), Büste Landgraf Carls, 1714, MHK, Sammlung Angewandte Kunst, KP A I. c 393

S. 26: Giovanni Battista Falda, Großes Wassertheater der Villa Aldobrandini in Frascati, in: Giovanni Giacomo de Rossi, Le Fontane Delle Ville Di Frascati, Nel Tusculano, Con Li Loro Prospetti, Parte Seconda, Rom, um 1691

S. 28: Giovanni Francesco Guerniero (um 1665–1745), Idealplan des Carlsbergs, in: Delineatio Montis, 1749, MHK, Graphische Sammlung, lfd. Nr. 6499

S. 29: Louis Chays (1740–1810), Blick in den Hof des Palazzo Farnese mit dem Herkules, 1775, Kunstbibliothek, Staatliche Museen zu Berlin

S. 34: Alessandro Specchi nach Giovanni Francesco Guerniero, Ansicht des Oktogons, in: Delineatio montis, 1706, MHK, Graphische Sammlung, GS 12479

S. 35: Giovanni Francesco Guerniero, Entwurf des Oktogons mit zwei Pyramiden, 1713, MHK, Graphische Sammlung, GS 5547

S. 36: Giovanni Francesco Guerniero, Entwurf zur ausgeführten Pyramide, 1713, MHK, Graphische Sammlung, GS 9734

S. 38: Ansicht des Lago Maggiore mit der Statue des San Carlo Borromeo, Lithographie um 1820, Kartensammlung der Universitäts- und Landesbibliothek Darmstadt, Ansicht 3015

S. 40: Carl Eberth, Arbeiten im Kupferhammer Bettenhausen, Anfang 20. Jahrhundert, in: Festschrift zur Feier des 800jährigen Bestehens des Dorfes Bettenhausen. 1126-1926

S. 43: Astrid Schlegel, Arbeitsschritte zur Montage der Figur, 2017, Plangrundlagen von: Martina Hackl, Astrid Schlegel und Krekeler Architekten, Bad Homburg/Kassel/Berlin, 2004-2006

S. 45 Werkstatt am Schlossgraben, in: Karl Paetow: Bildchronik der Stadt Kassel, Fürstenfeldbruck o. J. (wohl 1938)

S. 46: Jan van Nickelen, Oktogon und Wassertheater mit Artischockenbecken, 1716-1721, MHK, Gemäldegalerie Alte Meister, GK 1099

S. 56: Jan van Nickelen (1656–1721), Blick vom Riesenkopfüber die Vexierwassergrotte zum Oktogon (Detail beschriftet), nach 1716, MHK, Gemäldegalerie Alte Meister, GK 1099

S. 61: Philipp Soldan (1500–1569), Philippstein, 1542, Haina, ehemaliges Zisterzienserkloster

S. 64 o.: Unbekannter Künstler, Porträt des Landgrafen Carl von Hessen-Kassel, Ende des 17. Jh., MHK, Schlossmuseen, SM 1.1.816

S. 64 u.: Philipp Heinrich Müller (Medailleur), Landgraf Carl von Hessen-Kassel (1670–1730, Münzherr), Medaille auf den Entsatz von Rheinfels, 1693, MHK, Sammlung Angewandte Kunst, KP MK 463/5

S. 65: Ignaz Elhafen (1658–1715) und Gabriel Grupello (1644–1730, Umkreis), Landgraf Carl zu Pferde, Herkules und Minerva, Figuren aus dem Gehäuse einer Planetenlaufuhr, um 1700, MHK, Sammlung Angewandte Kunst, KP U 63a Va, KP U 63a I, KP U 63a II

S. 66: E. Pomponius Köhler (Medailleur), Landgraf Carl von Hessen-Kassel (1670–1730, Münzherr), Medaille auf die Fertigstellung der Wasserspiele auf dem Carlsberg, 1714, MHK, Sammlung Angewandte Kunst, KP MK 464/7

S. 67: Giovanni Francesco Guerniero (um 1665–1745), Titelblatt, in: Delineatio Montis, 1705, MHK, Graphische Sammlung, GS 12478

S. 68: Jan van Nickelen (1656–1721), Blick vom Riesenkopfbecken bis zum Oktogon, ab 1716, MHK, Gemäldegalerie Alte Meister, GK 1100

S. 69: Christian Wermuth (Medailleur), Medaille auf den Regierungsantritt Friedrichs I. König von Schweden und Landgraf von Hessen-Kassel, nach 1731, MHK, Sammlung Angewandte Kunst, KP MK 471 / 14

S. 70, 71: Johann Christian Ruhl (1764–1842), Relief mit der Darstellung des Eingehens Wilhelm IX. ins Elysium, um 1800, MHK, Schlossmuseen, SM 3.2.55

S. 72: Tetradrachme Alexander des Großen, 336–323 v. Chr., MHK, Antikensammlung, Mü 981

S. 73: Büste des Kaisers Commodus, Ende 2. Jh. n. Chr., Rom, Musei Capitolini, Palazzo dei Conservatori, 1120

S. 74: Unbekannter Künstler, König Maximilian I. als Hercules Germanicus, um 1500, Wien, Graphische Sammlung Albertina, DG 1948 / 224r

S. 75: Louis Kolitz (1845–1914), Die Parkachse in der Kasseler Wilhelmshöhe mit Herkules, 1890 / 1900, MHK, Neue Galerie, AZ 4104

S. 76 o.: Adolph Menzel (1815–1905), Herkules und Kaskade in Wilhelmshöhe bei Kassel, 1841, Staatliche Museen zu Berlin, Kupferstichkabinett, SZ Menzel N 126

S. 76 u.: Carl Brünner (1847–1918), Blick vom Habichtswald auf den Herkules, 1911, MHK, Neue Galerie, AZ 4189

S. 77: Adolph Menzel (1815–1905), Herkules auf Wilhelmshöhe bei Kassel, 1893, Staatliche Museen zu Berlin, Kupferstichkabinett, SZ Menzel 1517

S. 78: Arnold Bode (1900–1977), Oktogon-Projekt, 1976, documenta Archiv

S. 82: Rudi Hurzlmeier (1952), Pflücken der Goldenen Äpfel der Hesperiden, aus dem Zyklus »Die Heldensagen des Herkules«, 2011, MHK, Graphische Sammlung, GS 23508

S. 83 o.: Unbekannter Künstler, Squelette de l'Hercule Farnèse, um 1770, Kassel, Privatbesitz

S. 83 u.: Napoleon Sarony (um 1821–1896), Bodybuilder Eugen Sandow as the Farnese Hercules, 1893, Houghton Library, Harvard University

Abbildungsnachweis

S. 9, 21, 28, 34, 35, 36, 46, 56, 67, 68, 69, 75, 76 u., 82: MHK

S. 11, 73: bpk | Scala

S. 15, 19, 64 o. und u., 65, 70: MHK (Ute Brunzel)

S. 16 o.: abgebildet in: Christian Hülsen: Architektonische Studien von Sergius Andrejewitsch Iwanoff, Berlin 1898, Taf. N

S. 16 u.: Zeichnung R. M. Schneider, abgebildet in: Rolf Michael Schneider, Der Hercules Farnese, in: Luca Giuliani (Hg.), Meisterwerke der antiken Kunst, München 2005, S. 136–157

S. 17 o.: G. Fittschen-Badura, http://arachne.uni-koeln.de/item/marbilder/7578630

S. 17 u.: akg-images / Alfons Rath / Bildagentur Rath – Luftbildservice

S. 18, 66, 72: MHK (Gabriele Bößert)

S. 6, 14, 25, 33, 44, 79 r., 52 / 53, 55, 57 o. und u., 58 o. und u., 59 u., 85: MHK (Arno Hensmanns)

S. 24: MHK (Rüdiger Splitter)

S. 28: Bibliotheca Hertziana, Rom

S. 29: bpk / Kunstbibliothek, SMB

S. 32, 37, 41 o. und u., 43, 45, 48, 49 u., 80: MHK (Astrid Schlegel)

S. 38: Darmstadt, Kartensammlung der Universitäts- und Landesbibliothek Darmstadt

S. 40: Carl Eberth

S. 42: MHK (Arno Hensmanns, bearbeitet von Astrid Schlegel)

S. 47, 79 l.: LBIH, Archiv

S. 49 o.: LBIH, Heinz Wirdl

S. 59 o.: MHK (Michael Wiedemann)

S. 61: © Bildarchiv Foto Marburg / Fotograf: unbekannt; Aufn.-Datum: 1992 – Rechte vorbehalten

S. 74: Albertina, Wien

S. 76 o.: © bpk / Kupferstichkabinett, SMB / Volker-H. Schneider

S. 77: Kupferstichkabinett, SMB / Foto: Fotostudio Dietmar Katz

S. 78: © documenta Archiv

S. 81: VSG (Anja Dötsch)

S. 83 o.: Kassel, Privatbesitz

S. 83 u.: Houghton Library, Harvard University, htc_tcs_1_sandow_farnese_hercules

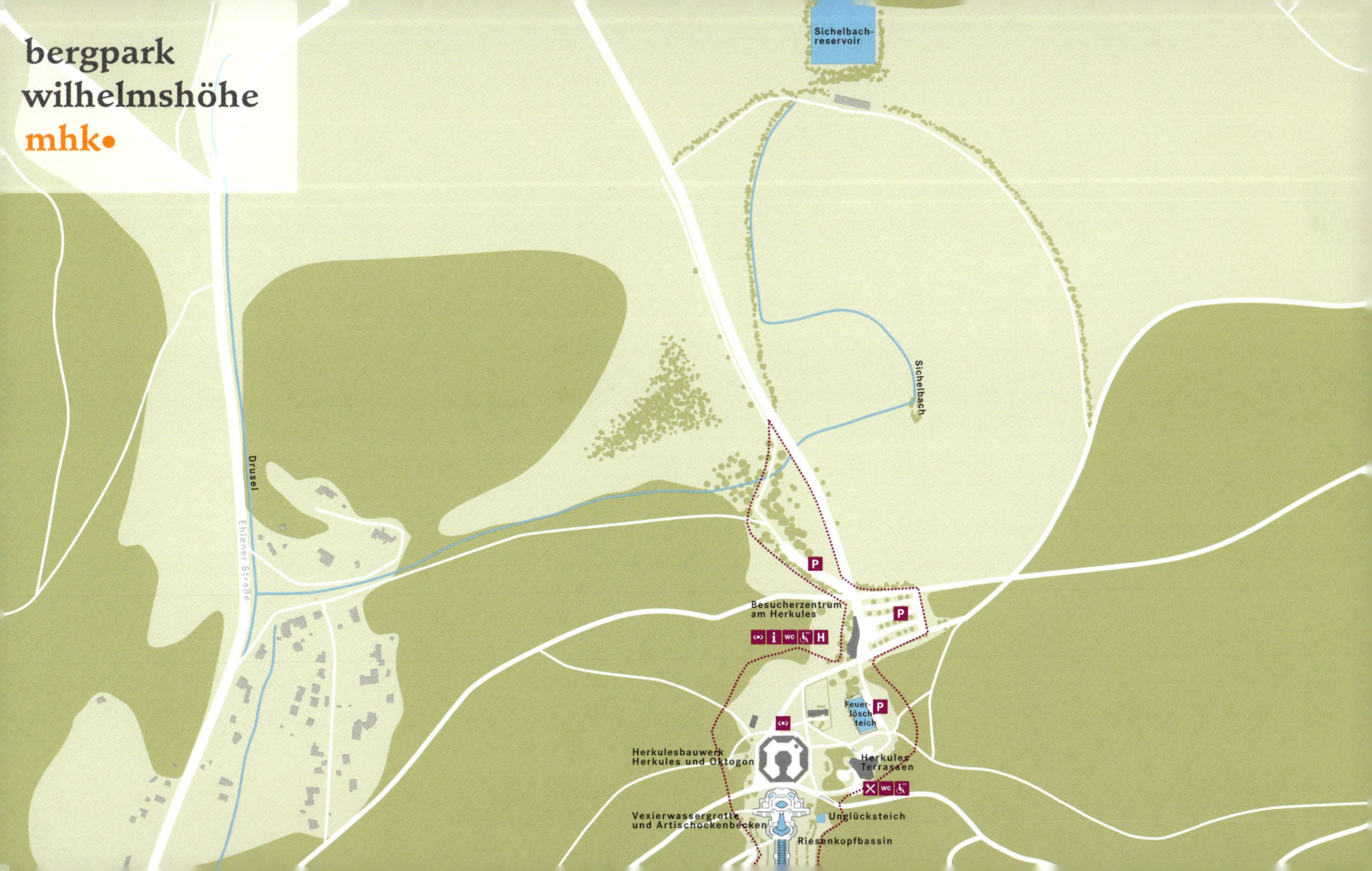

bergpark
wilhelmshöhe
mhk
Sichelbach-reservoir
Sichelbach
Drusel
Ehlener Straße
Besucherzentrum am Herkules
Feuer-löschteich
Herkulesbauwerk Herkules und Oktogon
Herkules Terrassen
Vexierwassergrotte und Artischockenbecken
Unglücksteich
Riesenkopfbassin